죽지 않을만큼 매수하고

죽은 것처럼 매도하라

강영현

때
때
때
살
팔
벌

TIMING TO BUY, SELL, MAKE A FORTUNE

여의도 닥터둠 강영현이 공개하는 진격의 주식 투자 타이밍

살 때
팔 때
벌 때

강영현 지음

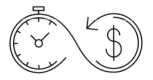

21세기북스

사실 나는 주식을 모른다. 하지만 대학시절부터 주식에 진정성을 갖고 열심히 공부하며 자신만의 통찰에 때로는 주저하고 때로는 지나치게 몰입되어 있던 사람 강영현은 친숙하다.

주식으로 울고 웃기를 반복하며 저자도 어느덧 중년이 되었다. 여의도라는 화려해 보이지만 고독하고 삭막한 정글에서 지금까지 잘 버텨온 것이 친구로서 기특하기까지 하다. 주식으로 책까지 썼다고 하니 이젠 사람들에게 주식과 관련해서 해주고 싶은 이야기가 있는가 보다.

그래서 나는 이 책을 읽는 독자들에게 강영현을 믿지 말라고 당부하고 싶다. 그를 믿지 말고 이용하라고 말하고 싶다. 결국 판단은 스스로가 해야 한다. 강영현도 실수할 수 있고 판단이 틀릴 수도 있다. 그러나 적어도 내가 알기로, 그는 지금도 최대한 실수를 줄이고 좀 더 옳은 판단을 하기 위해서 부단히 노력하고 있다. 사실 어떤 경우에는 옳은 판단을 하는 것보다 자신의 판단을 믿고 자신의 판단대로 행동하는 것이 더 어렵다. 나는 과거에 판단을 하고도 행동을 주저하던 저자의 모습을 많이 보았고, 어떤 판단에는 지나치게 몰입되어 있던 모습도 보았다. 그래서 그를 믿지 말고 이용해야 한다.

그를 제대로 이용하기 위해서는 이 책이 가장 적절하다. 그는 자신의 판단의 근거와 방법론을 제한된 용량의 그릇에 정수만 담기 위해 넣었다 비우기를 수없이 반복하면서 심혈을 기울여 이 책을 썼다. 그러므로 이 책은 강영현 활용법이라 할 수 있다. 강영현을 활용하고 싶다면 이 책을 읽어야 할 때다.

원중재 | 법무법인 세종 중국법인장 변호사

강영현의 『살 때, 팔 때, 벌 때』를 읽고 주식 시장 투자에 대한 저자의 통찰력과 접근 방식에 깊은 감명을 받았다. 이 책은 주식 시장에서 직관과 상식을 잃어버린 투자자들에게 경종을 울리며, 거시적 분석에 기반한 하향식 접근 방식이 어떻게 현명한 투자로 이어질 수 있는지에 대해 투자자들에게 꼭 필요한 관점을 제시한다.

저자는 경제 지표와 그것이 주식 시장에 미치는 영향에 대해 깊이 이해하고 있는 노련한 투자자다. 그는 이러한 지표에 대한 기본적인 해석과 이해가 어떻게 시장 동향에 대한 귀중한 통찰력을 제공하고 투자자가 정보에 입각한 투자 결정을 내리는 데 도움이 될 수 있는지를 설명한다.

이 책은 명확하고 간결하게 쓰여 주식 시장에 대한 지식이 부족한 사람도 쉽게 그 개념과 원리를 이해할 수 있다. 또한 투자의 요점과 전략의 개념에 생명을 불어넣기 위해 실용적인 사례와 연구 결과를 제시하고 있다.

주식 시장에 대해 더 깊이 이해하고 하향식 접근법에 따라 현명하게 투자하고 싶은 투자자들에게 『살 때, 팔 때, 벌 때』를 적극 추천한다.

이세영 | 성균관대학교 미디어커뮤니케이션학과 교수

무언가 알겠다고 느껴질 때 배움은 다시 시작된다.
다른 사람의 확신으로 내 투자를 결정해서는 안 된다.

먼 여행을 떠나는 누군가에게 내미는
약도 한 장이 되길

주식을 공부하며 서점에 자주 들렀던 나의 젊은 날들을 생각하다 보면, 주식에 관한 책을 쓰는 게 두렵기도 하다. 혹여나 누군가에게 쓸데없는 소리가 되지는 않을까 하면서도 한편으로는 내 책이 누군가에게 내가 매일 끼고 살면서 읽고 사랑했던 책들처럼 될 수 있을까 하는 욕심에 어깨가 무거워진다.

투자를 하다 보면 답답함은 옹달샘처럼 차오르고, 반복되는 실패 앞에 끝없이 우울해지기도 할 것이다. 성공한 사람들을 공부하고 성공한 투자자들의 경험을 따라 갔을 뿐인데, 잘 되기는커녕 손실만 더 커져버릴 수도 있다. 매일 열심히 공부했지만 잘 되지 않아 너무 억울하고, 울고 싶어 지고, 때로는 죽고 싶은 절망에 빠지게 될지도 모른다. 나도 비슷한 경험이 있다. 혹시 그들의 손에 뭐라도 쥐어줄 수는 없을까!

내가 가진 것들이 많지 않다면 그중 어떤 것부터 담아야 할까? 시간이 지나 반추하고 곱씹을 수 있는 질긴 것들로 추려내고 싶었다. 투자방법론적으로만 접근하면 선택의 다양성에 비해, 나의 경험적 지평이 그리 넓지는 못하다. 그리고 그런 것을 말하는 책은 지금도 서점에 많이 널려 있다.

일단 그렇게 좁혀 생각하니, 내가 선택할 수 있는 주제를 결정하는 것이 어렵지만은 않았다. 막막하기만 한 투자분석을 마주한 개인투자자들에게, 돌덩이처럼 단단하게 뭉쳐 있는 인과를 녹여내는 혜안의 용매가 될 수 있기를 바란다.

훌륭한 투자 분석과 전략은 전문가의 전유물이 아니다. 금리, 기업실적, 주도업종, 사이클, 밸류에이션^{valuation}(기업가치평가) 등 매우 어려운 용어 같지만, 사실 그 내용을 하나하나 짚어 이해하면, 결국 상식적인 것을 효율성 있게 압축된 말들로 가공했다는 걸 알게 될 것이다. 우리가 친구와 계절을 얘기할 때처럼 주식 시장에서 전문가와 개인투자자들도 결국 매우 상식적이고 합리적인 이해와 감정을 바탕으로 한 의사소통이 가능하다고 생각한다.

증시에 들어오면서 직관과 상식을 잃어버린 투자자들의 감각을 되살리는 책이 되면 좋겠다. 어떤 것부터 공부해야 할지 고민 중인 투자자들이 언제든 쉽게 펴볼 수 있는 매뉴얼 같은 책이 되었으면 한다. 단순하면서도 인사이트 가득한 투자 지표들에 대해서 다루려 노력했다. 가끔은 사진 한 장이 100쪽짜리 논문보다 더 도움이 될 때가 있지 않나!

이 책은 매크로 분석을 기본으로 한 탑다운 top-down 방식의 투자를 선호하는 투자자들이 경제 지표에 대한 기초적 해석과 이해를 하는 데 도움이 될 것이다. 역사는 반복되고, 그 안에 흐르는 도도한 원리가 존재한다고 믿는다. 그래서 투자의 범주를 주식뿐 아니라 채권, 원자재, 통화까지 다양하게 확장하고자 했다.

정확하고 유일한 정답이 아닌 모범답안 중 하나로, 단정적 법칙보다는 확률적인 접근 방식에 대한 나의 성공 경험을 빗대어 설명해보았다. 주식 시장에서 성공하고 싶었던 내가 처음 출발하는 누군가에게 내밀 수 있는 간략한 약도라고 보면 좋을 것이다. 전부를 얘기할 수는 없지만 전체적인 흐름을 보여주고 싶다.

이 책을 내려놓을 때, 투자자들이 가격 수용자 price taker로서 여유를 찾길 바라고, 현란한 논리에 갇힌 빅마우스보다는 시장을 있는 그대로 관찰하고 이해하는 파브르가 되었으면 한다.

2023년 2월
여의도에서 강영현

PART 1

◆

연금술에 빠진 개미들,
법칙이 아닌 원칙이 필요하다

PART 2

지표에 근거한
투자 전략

PART 3

$\blacklozenge$

무엇이든 살 수 있는 시장에서
뭘 사야 할지 모르는 투자자들

PART 4

투자, 채워가는 것이 아닌 비워내는 과정

성공 투자는 외부 정보가 아닌,
나로부터 시작한다.

연금술에 빠진 개미들,
법칙이 아닌 원칙이 필요하다

TIMING TO
BUY,
SELL,
MAKE A FORTUNE

주식 투자에 절대 법칙이
존재할 수 있을까?

법칙과 원칙의 차이를 아는가? 우리는 만유인력의 '법칙'이라고 하지 만유인력의 '원칙'이라고 하지는 않는다. 반대로 미란다 '원칙'이라고 하지 미란다 '법칙'이라고 하지는 않는다. 원칙의 사전적 의미는 어떤 행동이나 이론 따위에서 일관되게 지켜야 하는 기본적인 규칙이나 법칙을 말한다. 한편 법칙은 어떤 현상의 원인과 결과 사이에 내재하는 보편적이고 필연적인 불변의 관계를 말한다.

주식 투자를 하면서 우리가 매우 부주의하게 사용하고 잘못 세뇌당하는 부분이 이 두 단어를 혼용하는 데서 파생하는 경우가 많다. 예를 들어보자. '주식 투자로 절대 돈을 잃지 않는 법칙'이라는 말을 많이들 한다. 이 표현에서 법칙이라는 말이 원칙으로 대체되었다면 더 좋았을 것이다. 법칙에는 과학적 인과 관계가 포함되어야만 한다.

잃지 않는 주식 투자에 법칙이라고 할 만한 것이 있는가? 적어도 내 경험에는 없다.

매우 보편적으로 사용되는 이동평균을 예로 들어보자. 상승하는 종목이나 업종 차트에서 단기 이동평균은 장기 이동평균보다 늘 위에 존재한다. 이것은 이동평균이라는 수학적 개념의 결론이 보여주는 일종의 법칙이다. 이런 상태를 우리는 정배열이라고 부른다. 그러니 '상승하는 주식 차트에서 발견되는 법칙-이동평균의 정배열'이라고 이야기하는 것은 매우 적절한 표현이다.

그런데 이것을 거꾸로 뒤집어서 표현하면 어떻게 될까? 단기 이동평균이 장기 이동평균 위에 있을 때 주가는 반드시 올라가게 된다. 이것을 이동평균을 이용한 투자의 제1법칙, '정배열의 원칙'이라고 한다고 해보자. 매우 그럴싸하게 들리지 않는가?

또 그 논리에서 파생되어 구체적 주식 투자 방법론으로 이동평균이 정배열된 종목만 골라 투자하라는 설명이 있었다고 하자. 무릎을 탁 치게 될 것이다.

'이렇게 하면 돈을 버는구나, 이렇게 쉬운 것이구나!'

그러면서 이것을 '기술적 매매 성공의 법칙'이라 말해주면 그 자리에서 바로 신앙이 되어버린다. 뭐가 잘못됐는지 알겠는가?

이것은 대표적으로 수학적 법칙을 위반한 논리적 착각일 뿐이다.

2×3은 반드시 6이 된다. 그런데 6이 되는 방법이 꼭 2×3만 존재하는 것은 아니다. 1×6이나 12×½도 6이 된다. 거꾸로 뒤집었을 때 논리가 맞아 들어가지는 않는데, 거꾸로 결론을 유추하는 과정에서 논리적인 결함이 내포되어 있는 것이다. 그러니 어떨 때는 잘 맞는 것 같으면서 또 어떨 때는 낭패를 보기도 하는 것이다.

그런데 똑같은 것에 대해서 원칙을 들어 표현하면 얘기가 될 수도 있다. "나는 이동평균이 골든 크로스[1]가 났을 때 매수하는 것을 원칙으로 한다"거나 "주가가 20일 이동평균선 아래로 내려올 때 매수를 해서, 5일선과 이격도[2]가 120% 이상으로 벌어질 때 매도하는 것을 원칙으로 한다"라고 표현하는 것은 내생적인 논리적 오류도 없고 아주 겸손하고 적합한 표현이다.

어떤 일이 발생했을 때 취하게 되는 행동의 일정한 방향성, 즉 원칙이라는 단어를 썼기 때문이다. 이 경우는 투자자 자신이 그렇게 하기로 한 것일 뿐, 누구나 그렇게 해야 한다거나 누가 하든 그렇게 되는 법칙적인 당위성과 인과성을 말하는 것은 아니다.

그런데 이와 같은 표현을 구분하지 못하고 초보자나 일부 경험 있

---

1 단기 이동평균선이 장기 이동평균선을 아래에서 위로 뚫고 올라가는 현상
2 특정 일의 주가나 지수를 이동평균치로 나눈 비율

는 투자자들도 원칙으로 읽고 법칙으로 받아들여버린다. 법칙은 무조건 그렇게 되어야만 하는 것이고, 원칙은 어떤 일정한 룰을 갖고 하는 것일 뿐 결과에 대해서는 열려 있는 것이다. 원칙이 법칙으로 바뀌어버리면, 마치 반드시 그렇게 되거나 그것을 반드시 해야 하는 것으로 받아들여 실패하기 쉽다.

종가가 5일 이동평균선을 이탈할 때 판다는 원칙은 그냥 그렇게 투자하기로 결심한 사람이 정한 것이다. 어떤 사람은 5일선이 깨질 때 사서 위로 단타를 치겠다고 원칙을 정할 수도 있는 것이다. 이 투자자는 어떤 상황에서든, 혹시 좋아 보이는 뉴스나 정보 혹은 실적 같은 것들이 귀에 들어온다고 해도 그것과는 상관없이 그냥 5일 이동평균선을 종가 기준으로 이탈할 경우 팔아버리기로 원칙을 정한 것이다.

그러나 이것을 "무조건 팔아야 한다. 안 팔면 큰 손해 본다"라며 절대적인 법칙으로 얘기하는 전문가가 많다. 그것은 잘못된 것이다. "5일선에서 매도해야 한다고 해서 팔았더니, 다음 날 급등해버렸습니다"라고 전문가를 원망할 수도 있다. 그러나 이런 매매 방법은 법칙이 아니다. 원칙을 법칙으로 받아들이고 동의하는 순간 그것에 얽매이게 되고, 보다 효율적인 투자 방법에 대해서는 매우 배타적이고 닫힌 태도를 취하게 된다.

투자자들이 주식 투자를 시작할 때는 그런 법칙을 찾으려고 노력하는 것을 많이 보아왔다. 그러나 나는 자신만의 '원칙'을 수립하는 것이 먼저라고 생각한다. "빚을 내서 투자하지 않는다", "모르는 종목에 투자하지 않는다" 등 자신만의 원칙부터 세워야 한다.

나도 20대 초반에 주식 투자를 시작하면서 법칙이 제공할 것만 같은 그런 엘도라도에 도착하고 싶었다. 보물섬 지도 같은 법칙 찾기에 함몰되어 많은 시간을 쏟아부었다. 아니, 지도가 아니라 어쩌면 네비게이션 같은 것을 찾아다녔을 수도 있다. 유명한 책은 대부분 다 사봤고, 대학교 1학기 학비가 180만 원인데 일주일에 그보다 30%나 비싼 강의를 신청해서 들은 적도 있다. 그러나 그게 지금 내게 도움이 크게 됐다고 생각하지는 않는다. 부지런했지만 방향이 잘못되었고, 찾을 수 없는 것을 찾으려 애를 썼기 때문일 것이다.

주식 투자 24년 차가 된 지금, 나는 법칙에서 멀어져 원칙의 곁에 머물게 되었다. 지수 고점에서는 위험관리를 하고, 한 종목에 30% 이상은 태우지 않고, 종목은 여러 번 나눠 매수를 하고 두세 번에 나눠서 매도하는 것을 원칙으로 삼는다. 절대 급한 돈은 주식 시장으로 끌고 들어오지 않고, 친한 친구나 일가친척의 돈을 맡아 운용하는 일은 절대 하지 않는다. 잘 모를 때는 현금을 많이 가지고, 생각과 다르게 시장이 움직일 때는 차라리 현금을 챙겨두고 멀리 여행을 다녀온다. 이처럼 나의 투자 일상에는 여러 가지 자질구레한 원칙이 하나의 큰 틀에 얼기설기 뭉쳐 있다. 법칙 보다는 확률적으로 유의미한 자리에서 나의 원칙에 부합하는 행동을 하려고 노력한다.

투자에 성공하기 위해 가장 먼저 해야 할 일은, 원칙과 법칙을 구분하지 못한 채 순진하게 그럴싸한 내러티브narrative[3]에 빠져 소중한 재산을 용기 있게 주식에 밀어넣는 일을 그만두는 것이다. 주식을 처음 접하는 사람들에게 이런 일은 매우 흔하다. 시장 상황은 파악하지도 않고 주식은 무조건 장기투자가 장땡이라고 생각하거나, 차트 패턴만 죽어라 외워서 민화투 그림패를 맞추듯 패턴만 보기도 한다. 다음에도 반드시 그렇게 될 거라고 예상하며 투자하는 모습들은 결국, 겉모습은 다르지만 매우 유사한 사고방식 형태라고 볼 수 있다.

투자 과정에는 우리가 빠지기 쉬운 함정들이 너무 많다. 보통은 자기 자신의 논리적 비약에서 잉태되고, 욕심에 의해 증폭되며, 두려움에 판단력을 잃게 되어, 걷잡을 수 없게 되어버린다. 성공 투자는 외부 정보가 아닌, 나로부터 시작한다는 점을 잊지 않았으면 좋겠다.

앞으로 우리는 두 가지 중요한 고민을 함께 하게 될 것이다. 한 가지는 외부로부터 오는 불규칙적 변수에 대한 확률적 접근과 대응 전

---

3 서사성. 인과관계로 이뤄지는 일련의 사건들

략이고, 다른 한 가지는 투자자가 해야만 하는 '변수통제'에 대한 얘기가 될 것이다. 우리는 때로 굳이 보지 않아도 되는 인터넷이나 영상 속 정보에 많은 시간을 뺏기기도 하고, 잘 들어맞지도 않는 지표들을 보며 근거 없는 확신 혹은 끝도 없는 불안을 느끼기도 한다.

아마도 그건 어딘가에 있을지 모르는 법칙을 찾고 싶은 심리에서 비롯된 것이 아닐까?

시장을 오랜 기간 지켜보다 보면, 우리가 할 수 있는 일과 어쩔 수 없이 기다리고 받아들여야 하는 것들을 구분할 수 있게 된다. 그 후에는 선택할 수 있는 원칙과 찾을 수 없는 법칙 사이에서 끝없이 방황하는 시간이 줄어들게 된다.

시장을 배우기 전에 나부터 배워야 한다. 법칙을 찾기 전에 원칙부터 세팅해야 이리저리 나부끼지 않고 방향을 설정하고 정진할 수 있다. 그리고 밑도 끝도 없는 욕심이나 공포에서 자유로워질 수 있다.

주식 투자에서 '법칙'을 찾는 것은 연목구어緣木求魚라고 볼 수 있다. 어차피 되지 않은 일에 매달려 시간과 정력을 소진하는 일을 지금 당장 그만두지 않으면, 그런 일들이 우리의 투자를 절단내버릴 것이다.

가장 먼저 챙겨야 할 것들은 법칙과 유사한 인과관계를 가진 귀납적 사실들을 연구하고 조사하는 것이다. 그렇지만 그런 것들은 흔치 않다.

그냥 '실적이 꾸준하게 잘 나오는 기업들의 80%는 주가가 우상향한다'는 귀납적 사실이 있다고 할 때, 우리는 그것에 기대어 "그렇다면 나는 실적이 잘 나오는 기업들만을 투자 대상으로 선정하고, 주가의 흐름을 관찰한다"를 원칙으로 삼을 수 있다.

워런 버핏을 예로 들어보자. 그의 첫 번째 원칙은 "절대로 원금을 잃지 말라", 두 번째 원칙은 "첫 번째 원칙을 철저히 지켜라"라고 한다.

"원금을 잃지 않는 법칙은 무엇인가요?"라고 물을 수 있다. 투자의 대가 버핏이 그 말을 들었을 때 뭐라고 대답할까? "위험할 때는 주식을 하지 않으면 된다"고 할 것이다. 그런데 언제가 위험할 때냐고 묻는다면, "그건 그때그때 다르다"고 할 것이다. 복잡하다. 그리고 뭔가 딱 떨어지는 결론이 없어 보인다. 그런데 그래서 주식이 재밌는 것이고, 그 판단의 결과에 따라 남들보다 더 큰 부자가 될 수 있는 것 아니겠는가?

CHAPTER 1

주식 투자자의 운명,
가격 수용자

돈이 있을 때가 아니라 돈을 벌 수 있을 때 사라

지난 15년 주식중개인(브로커broker)으로 증권사에서 일하면서 가장 안타까운 것 중 하나는 증권사를 찾아온 고객들 중 제대로 된 계획을 갖고 투자하는 사람들이 별로 없다는 것이다. 시장 상황이 돈을 벌 수 있을 때 찾아와야 하는데, 보통은 본인 주머니에 돈이 생겼을 때 증권사를 찾아오는 경우가 많았다. 신기하게도 여윳돈이 생겼을 때는 이미 투자자산들의 가격이 많이 폭등해 있는 경우가 많았다.

"내가 갑자기 목돈이 생겼는데, 은행 이자도 낮고 하니 주식이나 좀 해볼까 하는데, 조언을 좀 해줄 수 있나요?"

"30년 직장 생활만 하다가 갑자기 퇴직을 하게 됐습니다. 주식이나 살살 해보려고 하는데 어떻게 하면 될까요?"

다행히 운이 좋아 강세장이 조금 더 지속되면 어떨지 모르겠으나 이런 경우, 시장 상황이 나쁜 쪽으로 급변한다면 투자 결과에 대해 낙관하기 매우 힘들다. 시장은 매우 독선적이다. 누구를 배려하지 않는다. 돈이 필요해서 벌고 싶다고 해서 기회를 주거나 은행이나 부동산이 수익성이 없다고 해서 투자자들을 안스럽게 여겨주지도 않는다. 그런데 보통 주식을 그렇게 시작한다. 아무래도 아직까지 한국 시장에서 주식은 도박과 비슷한 것이라고 인식되기 때문일 것이다. 달리 할 것이 없을 때, 마지 못해 들어오는 시장처럼 느껴진다.

그러나 주식 시장은 시장이 허락해야 돈을 벌 수 있다. 우리의 의지나 바람 따위는 전혀 중요하지 않다. 아무리 훌륭한 어부라도, 바다가 허락하지 않을 때는 배를 띄우지 않는다. 급히 쓸 돈을 마련하고 싶어도 바다가 허락하지 않으면 그럴 수 없다.

마찬가지로 투자도 가장 먼저 시장 상황부터 파악해야 한다. 시장이 투자자들에게 안전한 배경을 제공하는지부터 점검하고 시작해야 한다. 긴축이나 경기침체같이 시장 여건이 좋지 않을 때 투자를 시작한다는 것은 출발부터 매우 어려운 상황에 처하게 되는 것을 의미한다.

마지막 결정의 순간까지 '시장'의 분위기를 꾸준히 살펴야 한다. "지금 주식 투자로 돈을 벌기 괜찮은 시기입니까?"라고 시장에게 먼저 허락을 받는다고 생각하면 좋다. 지금 투자하면 얼마 정도의 리스크를 감내하면 될 것인가부터 답을 얻고 투자를 시작해야 한다.

그것이 종목이나 업종을 선택하는 것이든, 트레이딩trading에 관하여 배우는 것이든, 다른 노력은 그다음이다. 성공적인 투자를 위해서는 오랜 기간 시장을 관찰하는 것이 중요하다. 좋은 투자 포인트는 변덕스러운 시장이 불현듯 제공할 것이고, 투자자가 충분히 준비되었을 때 이런 기회들을 알아보는 눈을 갖게 될 것이다.

우리가 분석하는 모든 변수들은 시장이라는 중력 앞에 모두 변하게 되어 있다. 중력에 의해 시간과 공간이 왜곡되는 상대성 이론처럼 말이다. 자 그렇다면, 시장이 자리를 깔아주게 되면 투자를 진행할 텐데 그다음에는 무엇을 해야 할까?

우선 많은 변수 중 우리가 통제할 수 있는 것과 그렇지 못한 것부터 구별해야 한다. 내일 주가가 오를까 내릴까? 오른다면 얼마나 오를까? 이런 질문들은 사실상 예측이 불가능하다. 그럼에도 사람의 뇌는 자꾸 이런 것들에 대해 매우 가지런하고 이해 가능한 방법을 찾으려고 부단히 애를 쓴다. 그리고 판단이 잘못되지 않았다는 증거를 찾기 위해 이것저것 갖다 붙이게 된다. 그렇게 되면서, 머릿속에 확증 편향은 더욱 커지는 반면, 직관적이고 보다 가치 있는 장기적 판단에 대한 정보는 점차 설 자리를 잃게 된다.

여기서 장기적 판단의 예를 들어보자.

"한국의 코스피는 환율이 하락할 때 더 큰 폭으로 상승한다", "실업률이 낮을 때 주식을 사는 것보다는 실업률이 높을 때 주식을 사는 것이 유리하다.", "Fed가 금리를 올려서 장-단기 금리차가 역전될 때는 조만간 실물 경제에서 큰 이벤트가 발생할 가능성이 크다."

사실 이런 것들은 단기트레이딩에 도움이 안 될 수도 있지만, 장기적으로는 매우 가치가 있는 중요한 명제들이다. 당장에 몇 퍼센트 수익이나 손실의 문제가 아닌 긴 관점에서 투자의 맥락을 결정하는 데, 그냥 지나칠 수 없는 보석 같은 판단 지표들이다.

환율과 지수를 예로 들어보자. "환율이 오르면 수출이 늘고, 그렇게 대기업들의 수출이 증가하면 기업 실적이 좋아지고, 그에 따라 주가는 상승할 것이다"라고 생각하는 것은 매우 합리적이다.

그런데 아래 차트의 흐름을 보자. 누가 봐도 X자 모양의 명확한 반대 방향의 추세 흐름이 나타난다. 주황색의 원-달러 환율 그래프가 상승하면서, 코스피 지수는 반대 방향으로 하락한다. 위의 생각과는 전혀 다른 결론이다.

그 이유는 한국 환율이 글로벌 무역의 바로미터이기 때문이다. 세계 경제가 좋아지면 한국의 수출부터 크게 늘어난다. 그에 따라 한국 역내에 달러 공급이 늘어나게 되고, 이 경우 글로벌 투자자들의 한국 투자는 크게 늘어난다. 따라서 환율의 하락이 예상될 때는 외국인의

◆⋯⋯ **원-달러 환율과 코스피 지수**

자료 : bloomberg

주식매수가 늘어나게 되어 주가지수는 상승하는 경우가 많다. 그런데 만약 환율이 상승할 경우 정반대 흐름이 나타난다. 글로벌 경제가 안 좋아질 것으로 예상되면 외국인 투자자들은 한국에서 주식, 채권, 부동산을 매도한 후 달러로 바꿔 해외로 나가기 때문이다. 이에 환율은 일정 시점까지 지속적으로 상승하고, 반대로 종합지수는 하락추세를 보이게 된다.

이처럼 방향이나 움직이는 폭도 중요하지만, 투자에 정말 필요한 것은 선후 관계다. 주식 시장과 외환 시장은 서로 영향을 주고 받지만, 환율의 상승과 하락은 큰 추세에서 주식시장을 판단할 때 우선적으로 관찰해볼 필요가 있는 지표다.

다음 〈실업률과 주식, 채권 합산 수익률〉 차트도 한번 보자. 이것

◆······ **실업률과 주식, 채권 합산 수익률**

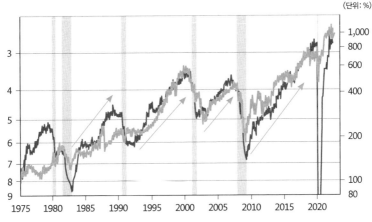

(단위: %)

━━ 미국 4주 이동평균/6개월 이동평균　　━━ 주식 60:채권 40 포트폴리오 구성 합산 수익률

자료: bloomberg

은 투자를 하면서 평생 간직할 만한 인사이트를 준다. 차트에서 회색으로 표현된 것은 미국의 단기 실업률이다. 6개월 미만의 단기 실업률을 나타내는데, 밑으로 내려가면서 왼쪽 눈금의 실업률이 올라가는 것을 나타낸다.

실업률이 상승하게 될 때(실업률 지표가 왼쪽 눈금 기준으로 내려갈 때), 오른쪽 눈금을 기준으로 삼는 주식과 채권의 6:4 비율 합산 수익률 수치(주황색 선)도 함께 내려간다. 그림에서 보면 아주 단순하고 강력한 상관관계를 확인할 수 있다. 단기 실업률이 개선되면서 채권과 주식의 합산 수익률이 매우 좋아지는 것을 볼 수 있다.

여러 가지 많이 아는 것이 꼭 필요한가? 정보는 양보다 질이 중요하다. 50~60% 성공 확률을 가진 방법 10개를 아는 것보다, 99% 확률을 가진 것 한두 개를 제대로 아는 것이 투자에는 훨씬 더 도움이 된다.

언제 투자하는 것이 가장 현명할까에 대한 대답은 실업률이 치솟았을 때가 될 수 있을 것이다. 전문 투자자가 아니라고 해도, 직장 생활이 바쁘거나 그냥 경제적 배경 지식이 많지 않다고 해도, 그냥 실업률이 최고치로 치솟다가 하락하기 시작할 때 주식이나 채권을 분산하여 들어가면 되는 것이다. 투자를 할 때면 여러 복잡한 질문에 부딪힌다. 예를 들어 전쟁이 언제 끝날 것 같은가? 인플레이션이 언제쯤 내려올 것 같나? 지금 미국 주식이 비싼 거 아닌가? 투자 결정 전에 이런 여러가지 변수에 대한 명확한 판단이 필요하지만, 투자자들이 그런 변수들을 전부 정확하게 계산하면 할 가능성은 크지 않다. 그저 관찰하면 된다. 주식을 장기투자 하려면 실업률의 흐름만 잘 봐도 된다.

과연 저런 좋은 기회, 실업률이 급증하면서 채권과 주식값은 싸질 기회가 오기는 할까? 2020년처럼 전염병이나 전쟁 테러 등이 나올 때를 기다려야 하나? 아니다. 그런 이유 말고도, 10년에 한 번은 그런 기회가 우리 곁을 찾아온다. 다만 그 기회가 찾아왔을 때, 우리가 충분히 준비되어 있지 않고 그것을 알아보지도 못하는 것일 뿐이다. 결론은 아주 단순하고 강력하다. 많은 복잡한 이슈들 사이에 존재하는 큰 '때의 흐름 한 토막'을 읽어낼 준비가 되어 있으면 되는 것이다.

다음 차트는 미국 10년물 국채와 2년물 국채 수익률의 차이를 나타낸 것이다. 통상 정상적인 시장에서, 2년물보다 10년물 수익률이 더 높다. 예를 들어 10년물 국채 수익률을 4%, 2년물 국채 수익률을

◆······ **장단기 국채 수익률 역전**

(단위: %)

—— 10년물 국채와 2년물 국채 수익률 차이

자료: longview economics, macrobone

3.2%라고 하면, 둘의 차이는 +0.8%가 된다. 이렇게 플러스 스프레드 spread(차이)가 나는 것을 정상시장이라고 한다.

그런데 이 스프레드가 약 10년마다 뒤집어지는 경우가 발생한다. 이 경우 단기 국채 금리가 장기 국채 금리보다 더 높아지게 된다. 그런 상황을 그래프로 그려보면, 앞의 모습처럼 일정한 기간 파동을 그리며 반복되는 것을 볼 수 있다. 기준선인 '0'선을 중심으로 아래에 위치할 경우를 수익률곡선 역전 yield curve inversion이 발생했다고 한다. 또 이렇게 수익률곡선 역전이 나타난 이후 일정 기간이 지나면 회색으로 진한 막대가 세로로 그어진 것을 볼 수 있는데, 이것은 경기침체 recession 시기를 나타낸 것이다. 이 경기침체 시에 가장 두드러진 현상이 바로 실업률 급증이다. 앞의 〈실업률과 주식, 채권 합산 수익률〉 그래프에서 실업률 최고 높았던 지점과 〈장단기 국채 수익률 역전〉 그래프의 회색 막대로 표시된 시기는 정확히 일치하게 된다.

요약해보면 수익 내기 좋은 투자 포인트인 실업률의 최고점을 만들어주는 경기침체가 발생하기에 앞서 바로 저 수익률곡선 역전 현상이, 마치 신의 계시처럼 나타난다. 저 현상을 잘 관찰하고 이해하면 큰 도움이 될 것이다. 그렇다면 저 수익률곡선 역전은 왜 발생하고 어떻게 저렇게 주기적일 수 있을까?

그 이유는 바로 Fed가 신용의 팽창과 축소를 반복하기 때문이다. 금리를 내리고 올릴 때마다 시장은 숨을 쉬듯 과열과 침체를 반복하게 되고, 그 과정에서 필연적으로 수익률곡선은 역전을 하게 된다. 1970년대 이후 50년 동안 8번의 경기침체가 있었다. 그중에서 2020년 코로나 19에 의한 경기침체를 제외하면 전부 Fed가 금리를 올리면서 시작된 것이다.

결론은 아주 심플하다. 매크로적인 뒷바람이 불기 시작할 때 투자하면 된다. 내가 돈을 벌고 싶을 때 시장에 진입하는 것이 아니다. 그게 언제가 됐든 시장에 들어왔다면 신의 계시와 같은 징조가 나타나길 기다리고 있다가, 시장의 신호가 관찰되면 과감하게 투자를 시작하면 된다. 우리는 매월 초 발표되는 한국의 무역수지 발표나, 1년에 8번이나 개최되는 미국의 FOMC, 분기당 1번 발표되는 GDP와 한 달에 1번 발표되는 물가, 소비 실업 지표 등을 보면서도 그냥 지나치는 경우가 많다. 그런 것들이 당장 내일 주가의 방향성을 알아내는 데는 큰 도움이 되지 않을지 모르지만, 큰 틀에서 투자의 매우 중요하고 정확한 도구가 될 것이다.

반대로 얼마 동안 시장에서 이길 수는 있지만, 큰 흐름을 읽어내지 못한 투자자는 결국에는 큰 손실을 보고 말 것이다.

수익은 투자자가 아닌 시장이 주는 것

가치란 무엇인가? 가치가 무엇인지 정확히 설명할 수 있는가? 가치투자라는 말도 들어봤을 것이고, 가치 있는 주식이라는 얘기도 익숙할 것이다. 그런데 가치가 무엇인지 생각해본 적이 있는가? 선뜻, 대답하기 쉽지 않을 것이다. 가치라는 것이 형이상학적인 말이고, 눈에 보이지 않으며, 사람에 따라 주관적이기에 매우 모호하기 때문이다. 정답도 없고 계량화하거나 정량적으로 기준을 세우기도 쉽지 않다.

우리는 가치 있는 주식을 그 가치보다 싸게 사고 싶어 한다. 그런데 가치가 무엇이고 얼마인지도 모른 채, 우리는 그것의 최저점을 찾아야만 하는, 언뜻 봐서는 잘 이해가 되지 않는 모순 속에 살고 있다.

이런 혼란을 해결하기 위해, 자본주의는 일정한 재화나 용역의 가치를 찾는 '가격 시스템'을 고안해냈다. "가치라는 것의 가격이 얼마라고 생각하는가?"라는 질문에 대한 대답을 여러 사람이 모여 호가를 통해 표현하면서, 오차와 판단 실패에 대한 리스크와 비용을 줄이는 방식을 고안해낸 것이다. 거래소에서 주식을 사고파는 것은 엄밀히 말해, 서로 잘 모르는 어떤 기업이나 사업의 가치를, 다수결로 결정하자 약속한 후 그 안에서의 '호가'를 통해 의사를 표현하는 행위인 것이다.

가격과 가치를 동일시하는 세상, 가치라는 것을 가격으로 계산하는 세상에 살다 보니, 둘을 구분하지 않고 사용하지만, 두 개념의 차이를 빨리 알아채는 것은 투자에 대한 이해를 위해 꼭 필요하다.

결국 아무리 내가 '가치 있다'고 판단했어도, 시장이 그것을 읽어주고 평가해주지 않게 되면, 말짱 꽝이다. 주식 시장은 자연과학이 아닌 사회 과학의 영역에 속하기 때문이다. 사회적 합의와 인정이 없이는 그 가치는 상승하기 어렵다.

그래서 시장이 관심도 없는 주식을 사면서 '가치투자'라고 하거나, 자신이 분석한 자료를 맹신하고, 시장의 흐름 따위는 아랑곳하지 않은 채 거액을 투자하고 오랜 기간 고생하는 투자를 가치투자라고 추켜세우는 것은 매우 불합리하다. 그냥 주식을 못하는 것이다.

그래서 우리는 늘 추정을 하며 투자를 진행한다. 자연과학의 법칙처럼 맞고 틀리고는 없다고 보는 게 맞다. 내가 가치 있어 보여서, 10년을 오르지 않는 주식을 사고 있다고 한들 어느 누가 그 사람에게 '틀렸다'고 할 수 있겠는가? 그냥 돈을 못 버는 것일 뿐이지 가치에 대한 그 사람의 의견조차 업신여길 수는 없는 것이다. 주식을 거래하면서 우리는 필연적으로 가치 없는 걸 비싸게 사기도 하고, 가치가 있는 것을 헐값에 살 수도 있게 되기도 한다. 가격과 가치, 바로 그 차이를 정확히 간파하여 다른 사람들이 동조하게 만드는 것, 그것이 바로, 투자 행위의 본질이라고 보면 된다. 이 과정에서 시장에서 형성되는 가격이라는 것은, 한두 명의 투자자의 힘으로 결정할 수 있는 사항이 아니다. 그 이유는 가격이란 통제 불가능한 많은 사람들의 의사결정 결과물이기 때문이다.

우리는 이런 시장의 결정을 존중하고 받아들일 의무를 지고 주식 시장에 참여하는 것이다. 가격 수용자로서 시장에 참여하는 것이다.

그런데 자신의 추정이나 분석을 너무 맹신한 나머지, 가격 수용자가 아닌 결정자의 입장으로 시장에 접근하는 사람들이 상당히 많다. 가치가 있다는 것과 그것을 지금 가격에 사고 말고 하는 것과는 다른 선택이다. 둘은 분명히 구분되어야 한다. 결론적으로 어떤 분석력이나 통찰력도 중요하지만, '관찰'하는 능력은 투자 성공에 있어 매우 중요한 자질이라고 볼 수 있다. 시장을 이해하기에 앞서, 투자자 본인이 어떤 입장으로 시장을 대하는지에 관해 고민해보길 바란다.

CHAPTER 2

◆

'When to buy'가
핵심

밀물과 썰물을 구분하지 못하는 투자 전략

주식 투자는 열심히만 하면 안 된다. 잘해야 한다. 그런데 잘한다는 것도 어떻게 보면 천수답 같을 때가 있다. 때가 좋으면 경험이 있는 사람이나 없는 사람이나 다 같이 돈을 쉽게 번다. 그러나 반대의 상황이 되면 모두가 돈을 잃는다.

때가 나쁠 때는 경험이 많은 사람이 유리한데, 그 경험으로 숫자를 읽는 눈과 타이밍을 설정하는 판단력을 얻었는지가 중요하다.

여기에서는 데이터를 해석하는 법과 숫자가 가르쳐주는 경제의 흐름을 투자 전략에 어떻게 응용하는지 알아보겠다. 단순히 데이터가 가리키는 결과를 분석만 하는 데서 더 나아가 투자에 어떻게 전략적으로 사용할지, 이러한 데이터들 중 나의 포트폴리오에 맞게 계속 지켜봐야 할 지표는 무엇인지 생각해보자.

아래 차트를 보자. 2022년, 미국 주식에 60%, 채권에 40%를 투자했을 때의 수익률이다.

2019~2021년까지는 주식, 채권 모두 그냥 들고만 있었으면 큰 수익을 낼 수 있었다. 그런데 동일한 전략이지만, 2022년에는 거의 100년 만에 최악의 수익률이 찍혔다. 종목 업종 고르는 데 시간을 많이 쏟아부었다고 해도 결과는 매우 처참했을 것이다. 다른 판단을 하기에 앞서 '지금 주식에 투자하기 좋은 때인가'를 먼저 결정하는 것이 중요하다.

투자자들의 투자 전략에 대한 미사여구^{rhetoric} 중 대표적으로 '주식은 무조건 장기적으로 오르게 되어 있으므로 일단 사서 오래 갖고 가면 수익이 많이 난다'는 말이 있다. 지수라는 것은 장기적으로 봤

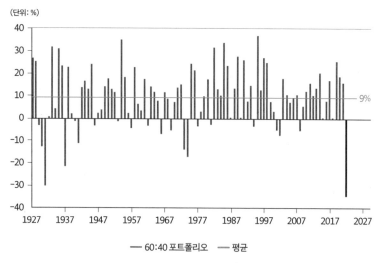

◆······ **BofA 글로벌 포트폴리오 수익률 미국**

(단위: %)

── 60:40 포트폴리오 ── 평균

자료: BofA Global Investment strategy

을 때는 우상향하므로 장기투자만 하면 수익을 얻게 된다는 논리다. 그러면서 장기투자의 거성 워런 버핏, 피터 린치 같은 사람들이 했던 말들을 일부만 짧게 발췌하여 자신들의 주장을 뒷받침하려고 한다. 진짜 그럴까?

한국의 주식들은 그렇지 않은 경우가 많으니 미국의 마이크로소프트를 예로 들어보자.

2000년도 고점을 찍었던 마이크로소프트가 2017년에 결국 큰 하락을 마무리 짓고, 본전에 들어간다. 장기투자의 승리를 보여준다. 그 이후로 60달러대의 마이크로소프트 주가는 2020년에 이르러 350달러까지 치솟았으니, 장기투자 하면 결국 본전뿐 아니라 큰 수익을 낼 수 있다는 말이 맞다. 지나고 나서 차트를 보면 그렇다. 그런데 그 17년 동안의 생활은 어떠했을까 생각해봤나? 2008년 미국 대침체 이후, 주가가 10배씩 상승한 주식이 많다. 그런데 17년 동안 그 수많

◆······ **마이크로소프트의 2000~2017년 주가**

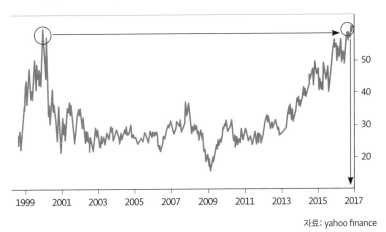

자료: yahoo finance

은 경제적 변수들 속에서 겨우 본전치기로 마무리하고 조금 보상받은 것이 그렇게 위대한 투자 전략인가!

아래 그림을 보자. 이 지표를 '버핏 지수Buffet's ratio'라고 부른다. 버핏 지수는 GDP 대비 증시의 시가총액 비중을 나타낸다. 이는 전체적으로 시장이 고평가 영역인지 저평가 영역인지를 판별한다. 2000년대에는 누가 봐도 고평가 영역에서 172%라고 하는 금융부분의 고평가 구역에 진입한다.

분명한 것은 2019년 이후 시장은 2000년 닷컴 버블 시기보다 더 고평가 영역으로 진입하고 있다는 것이다. 위의 마이크로소프트처럼 또 어떤 주식은 10년을 넘어 20년에 가까운 시간 동안 비자발적 장기투자를 해야 하는 상황을 맞이할 수 있다.

◆······ **버핏 지수**

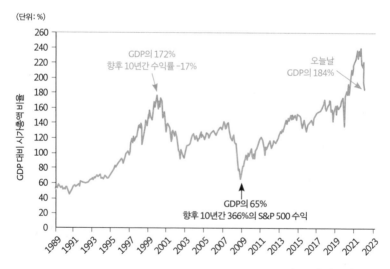

(단위: %)

자료: Kailash Capital, LLC

신기한 점은 버핏 지수가 고점 권역에 진입했을 때에도, 워런 버핏은 미국의 원유와 천연가스 업체의 지분을 신고하면서 투자를 이어갔다는 것이다. 이게 버핏이 시장을 안 보는 것에 대한 증거가 될 수 있을까? 그는 말했다. 종목이나 업종이 시장의 흐름에서 지탱할 수 있는 해자가 있다면 투자를 진행하는 것이고, 시장이 크게 흔들릴 때도 뚝심 있게 밀고 나가는 것일 뿐이라고.

버핏은 "시장은 아무도 맞출 수가 없다, 그럴 시간에 종목 연구에 더 집중하라"고 했다. 맞추려 하지 말라고 했지, 볼 필요가 없다고 경제에 대해서는 눈을 감으라고 한 적이 없다. 왼쪽의 차트를 보면 '워런 버핏이 과연 시장은 보지 않을까?'라고 생각하게 된다. 워런 버핏의 포트폴리오를 한번 보자. 2022년 신고 기준으로 보면, 워런 버핏은 애플(비중 42%), 뱅크오브아메리카(비중 10%), 쉐브론(비중 8%), 옥시덴털(비중 4%) 등을 보유하고 있다. 물론 애플과 뱅크오브아메리카는 22년 연간 기준으로는 −30% 수준의 수익률을 기록 중이다.

버핏은 애플이라는 종목에 거의 총력을 기울이다시피 했고, 경기 민감 업종이 은행과 석유, 가스 관련 회사들에 집중해서 투자한 것이 보인다. 전형적인 경기 사이클 후반기, 금리 인상과 인플레이션 발생 기간 투자 전략을 딱 맞게 구축하고 버티고 있는 상황인 것이다.

이와 비교하여 유명한 ETF인 ARKK를 살펴보자. 이는 전형적인 성장주에 집중한 상장지수 펀드다. 금리가 오르고 인플레이션 기간에 성장주의 수익률은 처참할 지경이다. 150달러까지 치솟았던 펀드 가격은 30달러로 내려앉았다. 5분의 1토막이 난 것이다. 종목이 아니라, 성장주를 모아 투자하는 상장지수펀드인 ETF의 시세가 이렇다는 얘기다.

워런 버핏이 가치투자자라서, 시장은 전혀 안 보고 매크로 분석을 안 한다는 증거가 있는가? 버핏이 그런 말을 한 적이 있는가? 매크로를 예측하기보다 변수로 관찰하고 분석할 뿐이다. 또한 종목을 중심으로 매크로 환경은 하나의 변수로 계산하고, 틀리고 맞는 범위가 너무 넓으니 안 좋은 상태가 오더라도 큰 피해가 없도록 전략을 구사한다고 말할 뿐이다. 바로 위험하면 현금을 크게 늘린다고 말했다.

그렇게 만약의 사태에도 본인의 포트폴리오는 장기적으로 끌고 가거나 혹은 업종 종목 변경을 통해 피해 나갈 수 있게 만들겠다는 얘기를 자주 한다. 매크로는 분석 대상 자체에서 빠져 있고, 아예 무無지성으로 관심조차 두지 않는다는 말은 전혀 아니다.

오히려 반대로, 성장하는 종목만 집중해서 분석하면 된다는 논리는 ARKK와 맥을 같이 한다. 버핏은 분명히 매크로의 사이클에 맞게 투자하고 있고, 거기에 기업의 성장과 성숙에 대한 경험과 확신을 녹여냈을 뿐이지, 매크로를 안 본다는 증거가 어디에도 없다.

워런 버핏이 쓴 저서들을 살펴보면, 버핏은 단지 오늘 내일의 주가를 예측하려고 시황에 너무 집중하지 말고, 그 시간에 종목들 공부하라는 말을 했다. 그는 트레이딩에 집착하여 단기적인 수익률에 목매지 말고, 길게 보고 큰 추세에 투자하는 장기투자를 하라고 말하고 있을 뿐이다.

피터 린치나 워런 버핏은 주식을 계속 사기만 하고 한 번도 판 적이 없을까? 그렇지 않다. 단기적인 트레이딩은 하지 않지만, 사이클이 있는 경기 민감주인 정유, 은행주 등을 사면서 심지어 손절까지 한다. 하물며 경제 국면이 어디에 위치한지도 모른 채, 그냥 무지성 테크^{tech} 주식만 죽어라 매수한 후 들고 가는 투자자들이 말하는 방식처럼 "시장보다는 종목만 보라"고 말한 적이 없으며, 분명 실제 투자 집행도 그런 말들과는 다르게 하고 있다.

누군가 워런 버핏에게 질문을 했다.

"버핏 당신이 주식을 팔면 시장이 어김없이 폭락했다. 그렇다면 당신은 시장을 어떻게 잘 판단할 수 있었는가?"

버핏은 이렇게 답했다.

"단기적 시장을 판단하지는 않지만, 더 이상 싼 주식이 없어 보여서 주식을 팔고 현금을 쥐고 있으면, 시장이 폭락했을 뿐이다."

버핏은 종목을 사고파는 것의 기준으로 매크로 지표를 보고 있지는 않지만, 분명히 시장이 어떤 국면에 있는지는 판단하고 있다고 봐야 한다. 주식이 현재 싸고 앞으로도 계속 싼 상황이 올 것인가 판단할 때, 경제 상황이나 금리를 고려하지 않고 시장이 사이클상 어디에 위치하고 있는지도 모른 채 주식만 죽어라 분석한다는 말은 그 어디에도 한 적이 없다.

시장이 빠지고 오르는 것을 예측하지는 않지만, 늘 상태를 관찰하고 있다. 상태를 모르는 것이 아니라, 향후 예측하려 하지 않을 뿐이다. 주식이나 업종을 분석하는 과정에서는 무조건 금리와 산업 사이클 분석은 들어가게 되어 있다. 이는 경영학에서 배우는 공식이니까 의심하지 말아야 한다. 그런 공식을 실전으로 연결하여 성공한 사람이 바로 그들이다. 태평양을 건너온 현인의 말이 한국에만 오면 이상하게 왜곡돼버린다. 문맥 속에서 스토리 전체를 이해하고 파악하여 투자에 참고하는 것이 필요하다.

투자 전략의 측면에서 '언제 사고 파느냐'는 무엇을 사고팔 것인가를 결정하는 데 있어서 가장 선행적인 투자 판단 요소다. 금리 인상 초기와 말기는 경제와 주식의 상태가 매우 다른 형태를 보이게 되고, 그에 따른 수혜 업종의 차이가 극명하게 발생한다.

금리가 인하될 상황인지, 올라갈 상황인지에 대한 판단은, 단순하게 지수가 오르고 내리고에 대한 판단이 아니다. 똑같은 종목이 10배의 멀티플을 받고 거래가 되느냐 3~4배로 떨어지느냐를 결정하기도 하고, 30% 이상 나오던 종목들의 성장이 10% 이하로 떨어지기도 하며, 이자 비용 부담 때문에 어렵게 번 영업이익을 전부 은행에 줘버리기도 한다. 그래도 시장을 분석하는 것은 의미 없다고 말할 수 있을까?

다음 그래프를 보자. 1996년부터 2013년까지는 상승과 하강을 반복했지만 결론적으로 박스권에 갇혀 있었다. 2003년까지 하락했다. 2003년부터 2007년까지 다시 회복했다가 2008년부터 서브프라임 사태로 인해 다시 하락했다. 그러고 나서 2013년부터 2019년까지 6년간 다시 상승했다.

2014년부터 2019년까지 지수만 따로 떼어놓고 보면 주식은 무조건 오른다고 생각할 수도 있다. 그러니 주식은 무조건 장기적으로 들

◆ ····· **2000~2013년 S&P 500**

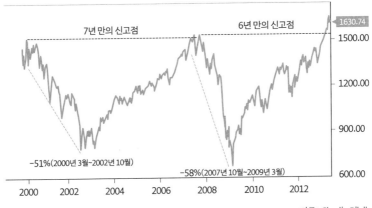

자료: Charlie Bilello

◆ ····· **2013~2022년 S&P 500**

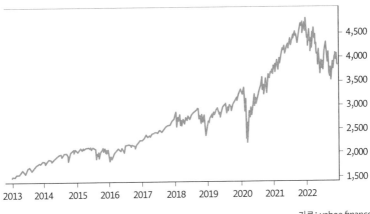

자료: yahoo finance

고 가고, 결국 오르게 되어 있으니 내릴 때는 더 사고 오래 들고 가면 된다고 생각하는 것이다. 과연 그럴까? 그 이면에 무엇이 있었는지도 같이 봐야 한다.

◆······ **M2 증가율과 CPI**

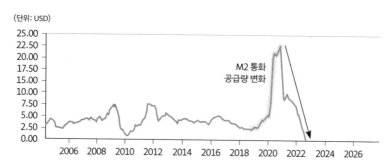

(단위: USD)

M2 통화
공급량 변화

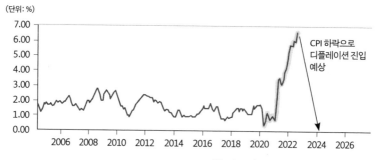

(단위: %)

CPI 하락으로
디플레이션 진입
예상

자료: Bloomberg, Bureau of Labor Statistics

　위 차트에는 M2(광의통화) 증가율과 CPI가 그려져 있다. 2009년
이후 10년 가까이 CPI는 2% 아래 매우 낮은 상태로 지속되는 것을
볼 수 있다. 그런 시기에 정부와 Fed는 여러 가지 루트route를 통해
경기를 부양하게 된다. 즉 CPI를 낮추는 게 아니라 높아지게 만들고
싶어 했다고 볼 수 있다.

　오른쪽의 차트를 한번 더 살펴보자. 이 시기에 미국은 QE1(2009),
QE2(2010~2011), QE3(2012~2013)라는 대규모 양적완화 정책이 있
었다. 그리고 2020년에는 팬데믹 위기로 인해, QE4까지 진행하고
무제한적으로 유동성을 풀었다. 2009년부터 2020년까지의 흐름을

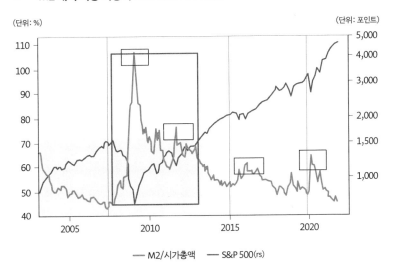

◆⋯⋯ **M2 대비 시총 비중과 S&P 500 지수 흐름**

(단위: %)   (단위: 포인트)

— M2/시가총액   — S&P 500(rs)

*MSCI Large, Mid & Small Cap index
자료: Alpine Macro, 2021

보다 정밀하게 볼 수 있다. 검은색 작은 박스는 시가 총액 대비 M2공급이 많아지는 시기로, 대규모 Fed 부양책이 나왔다. 그런 시기가 조금 지나고 나면 지수가 일정 수준 이상으로 튀어 올라가는 것을 볼수 있다.

주황색으로 칠해진 구역은 2013년까지의 박스권 상단을 표현한것이다. 회색으로 표시된 큰 박스는 2009년에 미국의 서브프라임 모기지subprime mortgage 사태 뒷수습을 위한 부양책으로 인한 유동성 공급을 나타낸 것이다. 실제로 절대적인 수준에서는 비교가 될 수 없지만, 시가 총액 대비 M2의 공급 수준으로 보면, 2020년보다 더 높은수준의 공급이 있었다는 것을 알 수 있다.

조감도로 시장의 흐름을 본다면, 주식 시장이 정말 그냥 움직이는 것이 아니라, Fed라는 빅브라더가 움직이고 있다는 것을 알 수 있다. 결국 유동성이 알파이자 오메가인 것이다. 이 Fed의 정책과 의도를 정확하게 파악하는 것은 주식 투자 시기의 결정과 미래 시장의 흐름을 유추하는 데 결정적인 키스톤keystone이 되는 것이다.

다음 차트의 흐름을 보자. 시가총액 대비 M2 증가율이 올라가면서, 증시가 강하게 상승하는 구간인 2017년부터의 흐름을 보자. 2000년부터 성장주는 약세 흐름을 보이다가 2009년 대규모 부양책이 나오는 시기에 한번 오르고, 그 이후 잠잠하다가 2018년 이후 아주 폭발적인 상승을 보이게 된다. 이렇듯 Fed가 시장에 개입하고 금리를 조절하는 것은 지수의 오름과 내림뿐 아니라, 어떤 섹터 어떤

◆⋯⋯ **Russell 1000 성장주 상대적 상승률 추이**

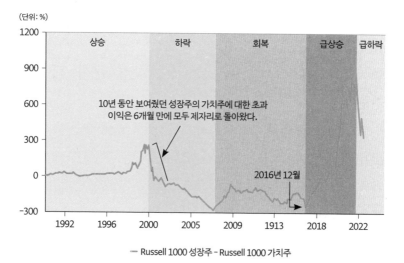

― Russell 1000 성장주 - Russell 1000 가치주

자료: BofA Global Investment strategy

스타일의 주식들이 올라갈지에 대해서도 결정적인 역할을 한다는 것을 볼 수 있다.

아주 간단한 차트만 봐도, 주식 시장에는 밀물과 썰물이 있다는 것을 알 수 있다. 어떤 구간에서는 10년마다 한번씩 고점에서 맞고 떨어지면서 박스권 등락을 보이기도 하고, 또 어떤 구간에서는 큰 조정 없이 지속적으로 Fed 정책의 뒷바람을 받으면서 추세적인 상승을 보이기도 한다. 2013년 이후 주식을 시작한 사람들한테는 추세적인 상승이 당연하게 생각될 것이고, 주식 시장은 원래 그런 것이라고 얘기할 수 있지만, 그 이전에 주식을 한 사람들한테는 시장은 본질적으로 언제든 하락해서 다시 박스권 안으로 회귀하는 것이라고 받아들여질 수도 있는 것이다.

시장의 상황에 따라 지금이 현금을 보유하는 게 좋은 때인지, 채권을 사는 게 좋은 때인지, 부동산에 투자하기 좋은 때인지 판단해야 한다. 여러 시장을 전체적으로 보는 사람이 그 시기에 유리한 곳으로 이동할 수 있는 것은 당연하다. 그에 따른 이익도 커질 것이라는 게 불을 보듯 뻔한 것이다.

최근 한국의 투자자들은 한국 시장의 일부 업종이나 섹터만 매일 쳐다보면서, 긴 흐름을 보지도 않고 최근의 가장 급하게 올랐던 구간만 본다. 이런 투자자들이 서브프라임의 충격이 얼마나 무서웠는지, 그때 당시 투자 시정이 얼마나 어두웠는지, 투자 성과나 과정이 어땠는지 잘 알 수 없을 것이다. 아마 경험한 사람들조차도 딱히 신경 써서 공부하지 않았다면, 하루하루 하락하는 주식 시세에 한숨 쉬느라 도대체 어떤 일들이 세상에 일어나고 있는지도 몰랐을 것이다. 이유

없이 시작부터 하한가였으니까! 그러니 편하게 얘기하는 것이다. "언젠가는 우상향한다"라고.

금융 시장에서 주식만 보거나, 그중에서도 조그마한 종목 하나만 보면서, 이게 오를까 내릴까에만 함몰되어 있어서는 안 된다. 전체 금융 시장에서의 비교 우위, 즉 채권 부동산 주식을 동일선상에 놓고, 비교하고 분석해야 한다. 주식은 열심히 한다고 되는 것이 아니다. 될 것 같을 때 열심히 해야 한다.

다음 그래프를 한번 보자. 회색 선으로 표시된 것이 Fed의 자산 assets 증가율이다. 양적 완화를 하거나 이자율을 낮춰서 돈을 풀 때 Fed는 어떻게 할까? 현금을 준 대가로 채권 증서를 받아서 쌓아놓는다. 그렇게 되면 Fed의 재무제표에 자산이 증가하는 것으로 표시

◆······ **Fed의 자산과 S&P 500 지수**

(단위: 전년대비 %)   (단위: 전년대비 %)

— S&P 500   — Fed 자산 증가율

자료: Alpine macro, 2022

된다. 그러니까 Fed의 자산이 증가한다고 하는 건 현금이 Fed 밖으로 나간다는 걸 의미한다. 바로 유동성이 풀리는 것을 의미하는 것이다. 이 자료는 공시를 통해 언제든 조회하고 쉽게 얻을 수 있다.

그래프에 원으로 표시한 지점이 세 군데 있다. 이 지점들에서 Fed의 자산이 감소했다. 가지고 있던 채권을 시장에 내다 팔아버린 것이다. 그러면 Fed로 시중의 돈이 빨려들어가는 구조가 만들어진다. 이때 S&P 500도 추세적으로 하락한 것을 볼 수 있다. 기준금리뿐 아니라 QE(양적완화), QT(양적긴축)도 주식 시장에 매우 중요한 변수가 된다.

이것보다 더 재미있는 지표가 있다. 다음 그래프는 영업이익률 OPM, 즉 마진율이다.

◆······ **S&P 500 영업이익률**

(단위: %)

자료: S&P Dow Jones

2009년에는 Fed의 대규모 부양책이 있었고 2018년에는 금리 인상이 있었다. Fed가 유동성을 풀어주는 구간에서는 영업이익률이 올라가고, 기준금리가 올라감에 따라 기업들의 영업이익률이 하락하는 걸 볼 수 있다.

여기서 또 한 가지 참고할 것은 주식 시장에서 S&P 500 영업이익률이 0 이하로 내려가는 구간은 많이 없다는 사실이다. 영업이익률 자체가 마이너스로 돌아선 시기는 큰 경기침체 시기밖에 없다. 이런 시기에는 오히려 Fed가 대규모 완화 정책으로 시장을 컨트롤하게 된다는 것을 알 수 있다. 그러니 저런 시기에는 오히려 역발상으로 '조만간 큰 부양책이 나올 것 같으니, 주식을 사야겠구나' 하고 용기를 내볼 수도 있을 것이다. S&P 500 지수의 상승률 자체가 하락하는 구간에서도 영업이익률은 플러스다. 플러스 정도가 감소할 수는 있지만, 마이너스까지 영업이익률이 내려가는 경우는 흔치 않다.

유동성이 풀리게 되면, 시장은 올라간다는 것을 알았다. 그런데 〈성장주와 가치주 상대 수익률〉 그래프와 뒤에 나오는 〈M2 증가율〉 표를 보면, M2가 풀리고 시장에 유동성의 풀리는 순서에 따라 시장의 색깔도 바뀌는 것을 볼 수 있다. 이것은 나중에 설명할, 시장을 주도하는 주도주의 선택과 집중이라는 차원에서 매우 중요한 분석 자료가 될 것이다.

한라산을 등반하다 보면 고도에 따라 자라는 식물들의 생태가 다르듯, 금리가 오르고 내리는 구간에서 수혜를 보는 종목과 업종이 매우 달라지게 된다. 경기가 매우 안 좋은 상황에서 금리를 2%까지 올릴 때 집중해서 올라가는 종목, 업종들이 있고 그 반대로 4~5% 즈음

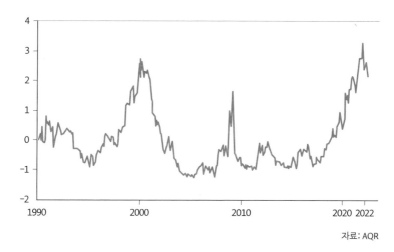

자료: AQR

에서 내려서 2%에 도달할 때 수혜를 보고 올라가는 종목들이 있다.

그러므로 단순하게 금리 2%의 절대적인 수준만 보고 투자해서는 안 된다. 성장주가 상승하다가 주춤해지면 시클리컬cyclical이 상승하고, 시클리컬이 상승하다가 주춤할 때는 가치주들이 그 자리를 대신하기도 한다.

지수만 놓고 보면 우상향이니까 10년을 보고 무조건 매수해서 갖고 있으면 된다고 할 수 있다. 이것은 지수 투자. ETF인 S&P 500를 계속 사 모으는 건 좋다. 그렇지만 수익률이 생각보다 크지 않을 수가 있다. Fed가 긴축할 때는 좀 천천히 매수하고, Fed가 돈을 다시 풀기 시작하면 더 많이 매수하는 것 정도는 딱히 큰 전략이라고 보기는 어렵지만 계좌 수익에 매우 큰 도움이 될 것이다.

만약에 종목과 업종과 섹터를 선택해야 한다면 반드시 시장의 계절

◆ ······ M2 증가율

연도	M2 (10억 달러)	증가율 (%)	연도	M2 (10억 달러)	증가율 (%)	연도	M2 (10억 달러)	증가율 (%)
1959	298	–	1980	1600	9	2001	5433	10
1960	312	5	1981	1756	10	2002	5771	6
1961	336	7	1982	1906	9	2003	6066	5
1962	363	8	1983	2124	11	2004	6417	6
1963	393	8	1984	2306	9	2005	6680	4
1964	425	8	1985	2492	8	2006	7070	6
1965	459	8	1986	2728	9	2007	7469	6
1966	480	5	1987	2826	4	2008	8190	10
1967	525	9	1988	2988	6	2009	8493	4
1968	567	8	1989	3153	5	2010	8799	4
1969	588	4	1990	3272	4	2011	9658	10
1970	627	7	1991	3372	3	2012	10452	8
1971	710	13	1992	3425	2	2013	11020	5
1972	802	13	1993	3475	1	2014	11674	6
1973	856	7	1994	3486	0	2015	12340	6
1974	902	5	1995	3630	4	2016	13214	7
1975	1016	13	1996	3819	5	2017	13855	5
1976	1152	13	1997	4033	6	2018	14374	4
1977	1270	10	1998	4375	8	2019	15326	7
1978	1366	8	1999	4638	6	2020	19130	25
1979	1474	8	2000	4925	6	2021	21872	14

자료: FRED

을 판단해야만 한다. Fed의 정책이 만드는 돈의 흐름이 내가 투자하는 주식의 뒷바람이 될지, 맞바람이 될지는 한번쯤 생각해볼 일이다.

Fed는 역사적으로 보면, 주기적으로 금리를 올리고 내린다. 얼마까지 올리는지 이번에 몇 %p 올리는지가 중요한 게 아니다. 금리 인상 추세를 봐야 한다. 긴축, 동결, 완화의 어느 국면에 속해 있는지 판단해야만 한다.

다음 차트에서 2006년까지의 추세를 보자. 금리를 인상이 지속되면서 주가도 계속 상승한다. 사실 2006년과 2009년에는 주식 시장에 거품은 없었다. 2007년 위기는, 주택 시장이 거품이 있었고 그것을 막으려 Fed가 금리 인상을 지속했기에 부동산 버블이 붕괴되면서 금융 시스템의 위기가 발생한 것이다. Fed가 부동산 시장을 건드

◆ ⋯⋯ **1976~2021년 Fed 금리와 금융위기**

자료: Real Investment Advice

려서 부동산이 하락하지 않았다면 이 주가 지수는 주식 시장 내부적인 이유로만은 그렇게 크게 하락하지 않았을 것이다. 오히려 더 올라갔을 것이다. 화살표처럼 말이다.

'Fed Pivot'이 표시된 부분은 Fed가 긴축 정책을 전환한 시기이다. 금리를 올리다가 멈추는 시간이 주식 투자를 하기에 좋은 시기인 것은 맞다. 그러나 이렇게 피벗을 하고 나서 금리를 다시 내리기 시작하면, S&P 500 그래프 변화에서 볼 수 있듯이 주가가 더 하락한다.

우리가 지금 바라듯이, 금리를 내린다면 주가는 올라가는 게 아니라 급하게 빠져버린다. 이것은 분명한 역사적인 사실이다. 그런데 지금 사람들은 이런 말을 한다. 금리가 너무 높으므로 불경기가 오면 Fed가 금리를 다시 낮출 것이고, 그럼 유동성 장세가 와서 더 부자가 될 수 있다고. 그러니까 지금 당장 주식을 사야 한다고 말한다. 그러나 앞의 그래프를 보았다면, 그런 얘기를 할 수 없을 것이다.

이렇듯 Fed 유동성의 호흡은 단순하게 지수의 오르내림뿐 아니라, 그 오르내리는 시기와 상승을 주도하는 업종, 종목들까지도 짐작하게 해주는 아주 중요한 정보다.

밀물과 썰물을 구분하는 것이 시장을 매우 잘 판단하는 전문가의 전유물이라고 생각하지 않았으면 한다. 그 정도를 판단하려고 노력하는 것은 시장을 우습게 보는 것도 아니고, 신성불가침에 도전하는 불경한 행위도 아니다. 어부가 배를 떠울 때 기상청에 전화 거는 수준일 뿐이고, 그물이나 배를 손질하며 대비하는 수준이다. 충분히 가능한 일이다.

투자자들이 경험하는 계절의 순환

주식 시장에는 사이클이 분명히 존재한다. Fed는 대략, 10년 단위로 자산을 늘리고 줄이고 하면서 인플레이션을 일으키기도 하고 디플레이션을 일으키기도 한다. 시계추처럼 왔다 갔다 하면서 사이클을 만든다.

다음 그래프는 미국의 장기 유동성 사이클이다. 마치 라디오 주파수처럼 움직인다는 걸 알 수 있다. 그래서 경제는 사이클이라고 하는 것이다. 그러니까 어디서 들어가야 하고 어디서는 조심해야 하는지 정도는 알고 투자해야 한다. 시장이 "지금 먹어도 돼. 지금 열심히 투자해"라고 하는 구간이 있다. 차트에서 65개월 주기 그래프가 우상향

◆······ **1976~2024년 미국 장기 유동성 사이클**

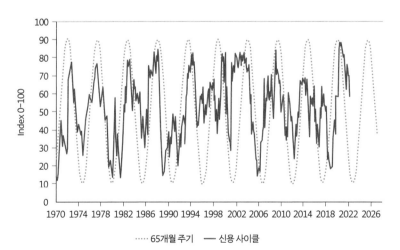

자료: CrossBorder Capital, US Federal Reserve, MSCI

하는 구간이다. 이때는 기운을 내야 한다.

반대로 65개월 주기 그래프가 하락하는 시기는 욕심 부릴 때가 아니다. 쥐 죽은 듯 조용히 관찰하고 자산을 지켜야 할 때다. 2023년을 막 맞이한 현재 주황색 점선의 맨 끝에서 올라가는 걸 기대하고 있을지 모르겠다. 그런데 사이클을 보면 여기서 몇 개월 더 늦게 들어가도 된다. 올라가는 사이클만 3~4년이다. 그러니까 몇 달 상승세를 확인하고 늦게 들어가도 그 뒤로 몇 년은 더 먹을 수 있는 것이다. 서두를 필요가 전혀 없다.

다시 한번 강조하지만, 주식 시장의 계절적인 변화에 주목해야 한다. Fed의 긴축과 수축을 만드는 정책들이, 심장 박동처럼 주식 시장으로 흘러드는 유동성의 사이클을 만든다. 그 과정에서 초기에는 금리가 싸기 때문에 올라가는 주식들이 다 올라간다. 그다음에는 실물 경제가 좋아지면서 수혜를 받는 경기 민감 주식들이 올라간다.

이렇게 모든 자산이 다 오르다 보면, 이제는 가치주가 올라가게 되는데, 엄밀한 의미에서 유동성은 조여지게 되고, 지수 자체는 하락의 모습을 보이는, 다운턴down-turn에 들어가게 된다. 금리가 점진적으로 인상되면서 재무구조가 괜찮은 주식들을 사야 하는 타이밍이 다가온 것이다. 밤에 별이 빛나듯, 금리 인상기에 빛나는 주식을 살 기회인 것이다.

지난 2022년 10월은 중기에서 후기로 이동하는 사이클 구간이었다. 여기서 중요한 것은 전체적인 지수로 보면 내려가는 사이클이다. Fed가 긴축을 진행하면 지수는 더 올라야 정상인데, 이번에는 조금 달랐다. 인플레이션 상황이 변수였다.

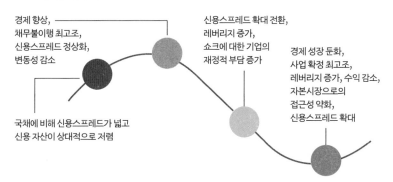

◆······ **경기순환주기표**

경제 향상,
채무불이행 최고조,
신용스프레드 정상화,
변동성 감소

신용스프레드 확대 전환,
레버리지 증가,
쇼크에 대한 기업의
재정적 부담 증가

경제 성장 둔화,
사업 확정 최고조,
레버리지 증가, 수익 감소,
자본시장으로의
접근성 약화,
신용스프레드 확대

국채에 비해 신용스프레드가 넓고
신용 자산이 상대적으로 저렴

구분	초기 사이클	중기 사이클	후기 사이클	말기 사이클
경제 성장	안정화	증가율의 증가	고점 도달	둔화 후 악화
신용 성장	약하지만 성장	가속적 증가	고점 도달	하락세
신용 스프레드	넓은 상태에서 축소	정상화 축소	축소에서 확대	대폭 확대
중앙은행 정책	완화지향적	완벽한 완화	긴축 시작	긴축 지속
인플레이션 압력	낮게 안정	완만한 상승	높은 상승세	하락
수익률 곡선	정상적 확대	평탄화 시작	평탄화 후 역전	정상화 시작

　인플레이션 압력은 높아지고 임금 또한 높아지면서 경제가 활황을 구가하지만, 지수는 고점을 찍고 내려가기 시작하고 종목별 상황도 각자 많이 달라지는 구간에 진입한다. 긴 긴축의 과정이 지나고 나면 금리는 다시 인하되기 시작하고, Fed가 확장 정책으로 돌아서면서 시장 지수가 매우 낮아진 수준에 진입한다. 즉 말기 지점에 사서 오랜 기간 가지고 있으면 사이클이 올라가는 구간을 누려 큰 수익을 낼 수가 있다.

제일 높은 중기 사이클에서, 지수를 사서 보유해봐야 너무 오랜 기간 기다려야 할 뿐 아니라 혹시 종목에 투자하면서 순환을 고려하지 않고 주식을 매수할 경우, 다시 중기까지 종목을 갖고 가야 하기 때문에 매우 고통스러운 비자발적 장기투자를 경험하게 될 것이다.

말기 사이클 자리에 있었던 것은 말기 사이클 자리에 다시 가게 되는 것이고, 중기 사이클 자리에 있던 것은 중기 사이클 자리로 다시 와야 오르는 것이다. 그러니 만약에 지금 산다면 말기 사이클에서 오를 주식을 사야 한다. 금리를 인하할 때는 지금 좋아 보이는 가치주를 사 가지고 있어봐야 소용없을 것이다.

펀드들의 성과를 봐도 후기 사이클에 잘하는 펀드가 있고 상승 초입 사이클에서 잘하는 펀드들이 있다. 레버리지를 일으켜서 당기는 장에서는 성장주가 강세를 보인다. 그러다가 금리를 인상하기 시작하면서 경기가 상승기에 들어가면 시클리컬 종목들이나 원자재들이 상승한다. 그리고 맨 마지막에는 가치주 펀드들의 성과가 좋다. 이때는 사이클 주식이라든가 성장주는 투자수익률이 나빠져 투자자금이 비교적 안전한 가치주로 몰리게 되면서 성과가 더욱 좋아진다.

성장주와 시클리컬과 가치주는 늘 그 자리에 있다. 움직이는 건 Fed의 정책과 투자자들의 전략뿐이다. 계절에 따라 어느 쪽에 얼마나 투자하느냐에 따라서 주식이 잘되고 안되는 게 결정 나는 것이다. 그러니 이 계절의 패턴은 변하는데, 투자자들이 고정적인 마인드로 시장을 대한다면 상당히 큰 문제에 직면하게 될 것이다.

CHAPTER 3

큰 판이 읽히지 않을 때는 피하라

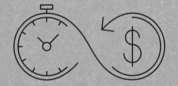

투자 결정 순서, 되는 시장부터 찾아라

투자판단을 할 때 주식 시장 일부만 보고 판단하면 안 된다. 주식만 가지고 이기려고 하거나 혹은 특정 시장, 예를 들어 미국이나 중국 같은 시장만 보면서 배팅에 들어가는 것은 좋은 투자 판단은 아니다. 미국 시장이 선진 시장이고 전 세계에서 가장 큰 시장인 것하고 내가 돈을 버는 것이 무슨 관련이 있나? 미국은 무조건 성장하고 무조건 좋다? 데이터로 근거가 있는지 생각해봐야 한다.

다음은 1988년부터 2022년까지 신흥국(이머징 마켓emerging market)과 S&P 500의 상대적 주가 변화다. 1998년부터 2022년까지 보면 상대적 차이는 466%, -246%, 382%, -329%로 반복적으로 널뛰고 있다.

1998년 12월부터 2009년 12월은 미국보다 신흥국이 상승하는 시기다. 그 뒤 구간에서는 미국 시장의 수익률이 좋은 것이다. 반복된

◆······ **대표 신흥국과 S&P 500의 주가 변화**

신흥국 우세
(1988-1994)

미국 우세
(1995-1998)

신흥국 우세
(1999-2010)

미국 우세
(2011-2021)

2001년부터 최저

자료: Charlie Bilello

기간	MSCI 신흥국 총 수익	S&P 500 총 수익	차이
1988년 1월~1994년 9월	599%	133%	466%
1994년 10월~1999년 1월	-44%	202%	-246%
1999년 2월~2010년 9월	392%	10%	382%
2010년 10월~2022년 7월	28%	357%	-329%

자료: Charlie Bilello

다. 지금은 어떤 구간에 진입하게 될 것 같은가? 세계 경제의 흐름을 보면 미국에서 번 돈이 신흥국이나 다른 나라로 흘러갈 때가 되었다. 그러니까 전반적으로 돈이 몰릴 시장을 먼저 예측하고 그쪽으로 투자해야 한다. '되는 시장'을 파악하는 것이 첫 번째다. 그러고 나서, 섹터나 업종을 선택해야만 한다. 만약에 신흥국이라고 하면, 결국 원자재나 제조업이 핵심이고, 선진국의 경우 IT나 플랫폼 등 기술주가 핵심이 될 것이다. 신흥국이 상대적 강세를 보이기 시작할 때, 선진국의 기술주에 투자하는 것은 바보 같은 짓이 될 수 있다.

｜ 을지문덕의 살수대첩 전략을 통해 본 자산 배분 전략 ｜

역사책 한 귀퉁이에서 고구려가 중원을 통일한 중국 수나라와의 70년간 전쟁에서 승리한 이야기를 읽은 적이 있다. 고작 350만 명 정도의 인구를 가진 고구려가 어떻게 113만 3,800명의 수나라 정규군을 맞서 싸워 승리할 수 있었을까? 이 전쟁의 승패는 숫자의 많고 적음보다, 전략의 우수성이 더 중요하다는 것을 느끼게 해준다. 어쩌면 이때 사용된 고구려의 전략을 투자 세계에도 적용할 수 있다고 생각한다.

먼저 그 시대부터 얘기해보자면 을지문덕이 살던 고구려 시대는 고구려 평원왕(평강왕) 때다. 평강공주와 바보 온달의 이야기로 유명한 평강공주가 바로 평원왕의 딸이라고 한다. 수나라의 수문제라는 사람이 중원을 통일하자마자 평강공주의 아버지, 평원왕이 화병을 얻어서 죽는다.

그렇게 아버지가 돌아가시고, 왕위를 이어받은 장남 영양왕은 정세를 판단했을 때 수나라가 고구려를 침입하는 것은 시간 문제라고 생각했다. 그래서 몇 가지 전쟁 준비를 서두른다. 먼저 천리장성을 쌓아 전쟁에 대비했다. 전략적 요충지에 성 쌓는 것은 고구려인들이 글로벌 탑이었던 것 같다.

그리고 쇠뇌라는 기계식 활을 도입한다. 고구려는 시조 고주몽이 활을 잘 쏘는 사람일 정도로 활을 매우 잘 다루는 나라였다. 그런데 그런 나라에 왜 거치에 걸어서 쏘는 활의 일종인 쇠뇌가 필요했던 것일까? 사실 쇠뇌 기술 또한 적국인 수나라의 것이었다. 고구려는 기술조차 없어서 수나라의 기술자를 몰래 밀입국시켜서 쇠뇌 기술을 확보할 정도였다.

그건 상대적으로 인구가 적은 고구려의 방어력을 강화하기 위한 비책이었다. 일반 활은 사람의 손으로 당겨서 쏴야 하는데, 그건 매우 오랜 기간 훈련해야 잘 다룰 수가 있다. 그래서 힘이 없는 노약자나 부녀자는 활을 잘 쏠 수가 없었다. 그런데 쇠뇌가 들어오게 되면서 비숙련자도 기계식의 강력한 활을 잘 쏠 수 있게 된 것이다. 활을 쏠 수 있는 사람이 부족한 고구려에는 매우 도움이 되는 장비였다.

그리고 쇠뇌는 사정거리가 길기 때문에, 고구려가 쌓은 산성에서 방어 작전 시, 위에서 아래로 적을 사격하기 매우 효과가 있는 무기였다.

우리가 투자를 할 때, 금융상품의 본질을 잘 파악해서 필요한 부분을 전략적으로 선택하는 것이 필요하다. 예를 들어, ETF 같은 것들은 주식처럼 사고팔면서 일정 섹터나 시장의 방향성에 배팅할 수 있는 아주 좋은 도구다. 선물이나 옵션 같은 전문적 지식이 필요한 금융자산에 투자하기 어려운 초보자라도 쉽게 투자할 수 있다. 고구려의 쇠뇌와 같은 도구인 것이다.

산성을 쌓고, 쇠뇌를 들여놓은 후, 고구려는 과감하게 바로 선제타

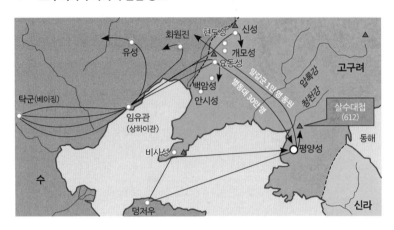

격에 들어간다. 수나라도 깜짝 놀랄 정도였다고 한다. 고구려가 먼저 수나라 영토를 침입한 것이다.

침입한 곳은 조양(영주)이라는 곳인데, 비단길과 초원길을 통해 고구려와 중국을 이어주는 교역의 중심 도시였다고 한다. 통신망도 없이, 보급 지원도 없이, 고구려의 정예 병사들만 보내 이곳을 점령함으로써 수나라 군대 보급로를 언제든 차단해버릴 수 있게 만든 것이다.

수나라는 70년간 총 3차례에 걸쳐서 침입했고, 2차 침입에서는 무려 113만 3,800명이라는 대규모 병력이 동원되었다. 수나라의 군사들이 전부 출발하는 데 무려 44일이나 걸렸다고 한다. 첫 번째 군사가 960리를 가고 나서야 마지막 군사가 출발했다는 것인데, 실로 어마어마한 군사 규모다. 2차 세계 대전 이전까지 역사상 이런 수의 군사 동원은 없었다고 한다. 조양(영주) 땅을 고구려가 점령해버리면서 보급로의 뒤통수가 매우 위험한 상황이지만, 수나라는 금방 전쟁을 끝낼 수 있다고 생각하며 전쟁을 이어갔다.

수나라의 엄청난 기세는 고구려가 쌓아놓은 천리장성 중 하나였던 요동성에서 딱 막혀서 더 이상 진군을 할 수가 없게 된다.

이때 조양 선제타격 전략이 빛을 발한다. 추가 보급만 있다고 하면 몇 달이 걸려도 요동성을 함락시킬 수 있었을 것이다. 그런데 요동성이 쉽게 함락되지 않자, 수나라는 추가 보급이 어려운 상태에서 돌파가 되지 않는 교착상태에 빠지게 된다. 이 요동성을 점령해야만 수나라 군대가 평양성으로 처들어가는 길목에서 뒤통수가 허전한 일이 없게 된다. 그런데 요동성은 뚫리지 않고 식량도 점점 바닥이 나고 날씨까지 추워지기 시작했다.

작전이 여의치 않자, 수양제는 요동성은 놔둔 채 우회하여 평양성으로 진격할 결심을 한다. 부하 장수인 우중문, 우문술에게 30만의 군사를 주어 평양성 우회 진군을 명하게 된다.

수나라 최고의 군대는 그렇게 뒤통수를 열어둔 채, 다급하게 우회 점령 작전으로 전환하게 된다. 보급로는 영주 선제공격으로 막혔고, 주요 군사는 요동성에 묶인 채, 평양성으로 말을 몰았다. 이때 그들 앞을 막아선 장군이 바로 고구려의 을지문덕 장군이다. 30만 대병력의 진군 앞에 불과 2~3만 명도 안 되는 군사로 막아선 것이다. 조족지혈에 불과한 병력 규모였다.

전면전으로 갈 수는 없었고, 복병과 게릴라식 기습으로 일관했다. 계속 패퇴했지만, 수나라 군사의 진군 속도는 늦추고 있었다. 하지만 평양성에 다다랐을 무렵, 전쟁 상황이 매우 다르게 전개된다. 적의 보급로는 더욱 길어져 있었고, 치고 빠지는 게릴라전에 수나라 병력들은 점점 지쳐갔다. 춥고 배고프니 사기도 바닥에 떨어지게 된다. 식량이나 물을 구하기가 매우 어려웠다. 왜냐하면 을지문덕 부대가 후퇴하면서 적이 우리 영토 내의 자원을 이용하지 못하도록 청야작전을 병행했기 때문이다. 산천초목을 다 불태우고, 우물에는 독을 풀고, 가옥은 전부 불질러 하나도 남겨놓지 않았다. 춥고 배고파 보라는 메시지였다.

30만 군대는 먹지도 못한 채 게릴라전으로 응수하는 고구려를 상대하며 빠른 속도로 평양성 위 30리 정도에 있는 청천강 유역을 건너 평양성을 눈앞에 두게 된다.

이때 을지문덕 장군의 멋있는 시 한 수가 적 진영으로 날아들었다.

신기한 전략은 하늘의 이치를 깨달았고
기묘한 전술은 지리에 통달했구나!
싸움마다 이겨 공이 이미 높으니
족한 줄 알고 물러섬이 어떠한가.

결국 유인책과 계략에 속았다는 것을 알게 된 수나라의 30만 대군은 다시 물을 건너 후퇴하기 시작했고, 이때 고구려의 기병대가 대규모 도륙 작전을 시작한다. 이게 그 유명한 살수대첩이다. 반제적격, 물을 반쯤 건넜을 때가 공격하기 가장 좋은 때다.

우리는 살수대첩이 강둑을 막아 수공으로 전쟁을 끝냈다고 알고 있지만, 실상은 그렇지 않다. 아이디어의 승리가 아닌 전략의 승리였다. 마치 장기판의 전략을 보듯 철저하게 계산된 전쟁이었다. 수십 년 산성을 쌓고 부족한 부분들을 차분히 준비했고, 터전을 불사르면서까지 견디고 버텨냈던 전쟁이었다.

결국 수양제는 이 전쟁을 끝으로 국력이 기울어져, 당나라에게 정권을 빼앗기고 멸망했다. 투자도 단기적인 몇 번의 승리보다 결국 계좌가 크게 불어나는 전쟁에서의 승리가 필요하다. 주식 투자 역시, 큰 흐름을 읽고 전략적으로 좋은 위치를 선점하고 좋은 도구들을 발견하는 것이 먼저다.

살수 대첩의 전략 포인트를 다시 한번 정리해보겠다. 첫째로 영주 땅을 막아 보급로를 차단했고, 둘째로 요동성이 버텼으며, 셋째로 을지문덕이 게릴라전을 펼치면서 지연 작전을 펼쳤고, 한편으로는 청야 작전으로 적에게 이용당하는 것을 막아, 전쟁의 양상을 자기 쪽으로 돌려세웠다. 그러고 나서 마지막으로 전쟁을 끝내는 도륙 전쟁인 살수대첩이 등장했다.

이것을 주식에 적용해보자. 전쟁에서 중요한 건 보급, 주식 시장으로 대입하면 유동성이다. 수나라는 엄청나게 대군으로 침입을 강행했지만, 결국에는 추가 보급로가 막히게 되면서 전쟁의 양상이 수세로 몰리게 된다. 그 유동성이 추가로 공급되는 것은 증시의 전문 용어로 하면 M2의 증가율이 상승하는 것이다. 지금까지 아무리 많은 유동성이 공급되었다고 해도, 추가적으로 얼마나 공급되는가를 확인해야 한다. 아무리 이미 많은 유동성이 풀렸다고 해도, 지수가 더 크게 오르려면 거기에 추가적인 유동성이 필요하다.

영주를 선제타격을 해서 보급로에서 끊어버린 것은, 인플레이션이 발생한 것에 비유할 수 있다. 증시를 더 부양하고 싶다고 해도, Fed

는 인플레이션을 잡기 위해 긴축을 시작해야 했고, 금리를 올릴 수밖에 없다. 조양을 공격하여 함락시켰을 때만 하더라도, 수나라는 크게 생각하지 않고 전쟁을 지속했다. 계속해서 영혼까지 끌어다가 주식을 매수한 것에 비유할 수 있다. 2021년 9월 고용시장의 회복 속도가 가파르게 튀어 올라가고 있어도, 전혀 감이 없었다.

Fed가 긴축 계획을 발표할 때도, 사람들은 "에이, 지금 금리가 0.5%인데, 기껏 올려봐야 1~2%라고 해도 엄청 낮은 수준이잖아. 주식 시장에 문제가 되겠어?"라고 생각했다. 그런데 Fed의 입장이 급변하게 되고, 한참 지나고 나서야 그것이 전쟁이 승패를 가를 만한 이벤트였다는 것을 뒤늦게 알게 된다.

지수가 번번이 신고가 갱신에 실패한 것은 요동성에 막힌 수나라 상황과 비슷하다. 유동성이 추가적으로 개선되어야 하는데 인플레이션 때문에 막혔고, 기업들의 실적이 더 개선되면 되는데 그것조차 쉽지 않았다. 고점에서 내부자들의 매도 규모는 커지고, 기업 실적은 예상치를 밑돌기 시작했다.

고착 상태에서 수나라 병사들은 배고픔과 질병에 시달리게 되고, 탈영자가 급증했다. 증시에도 TINA(대안 없음), FOMO(뒤처질까 두려움) 같은 질병이 2020~2022년을 휩쓸었다. 그리고 하방을 예상한 공매도까지 마구 늘어난다. 함락되지는 않고 치열하게 부딪히는 저항선에서 매수자들은 점점 지쳐가게 되고 거래 규모는 점점 줄어들게 된다. 뉴스 하나에 테슬라 주가가 7%, 애플 주가가 5%씩 움직였다. 둘이 합쳐 3조 달러인데, 5%가 움직이면 1,500억 달러다. 대략 200조가 움직인 것이다.

수나라가 숫자로 밀어붙이다가 여의치가 않자 30만 대군을 돌려 평양성으로 우회한 것처럼, 주식 시장에는 테마가 판을 치고, A라는 주식이 안 되니까 B라는 주식으로 갈아타는 테마 매매가 극성을 부린다. 말을 달려가면 금방이라고 평양성에 닿을 것처럼 생각했을 것이다. 빅테크나 유명한 주식에 집중하다가, 이제 급등하는 테마주에 올라타면서 금방이라도 부자가 될 수 있다고 생각했을 것이다.

청야 작전을 구사하는 것은 ETF 인버스 전략과 비슷할 것이다. 주식 투자를 하면서 주식이 내리는 것에 배팅하는 전략은, 자기 터전을 불사르며 저항했던 것과 비유할 수 있다.

아래 차트에서 박스를 잘 봐야 한다. 헤드 앤 숄더를 만들어놓고, 매수세는 계속해서 매도세를 이기지 못하는 형국이다. 여기 지수대가 1만 6천 선이다. 나스닥 100 기준 1만 7천 선이다. 그러다 1만

◆······ **나스닥 5년 지수**

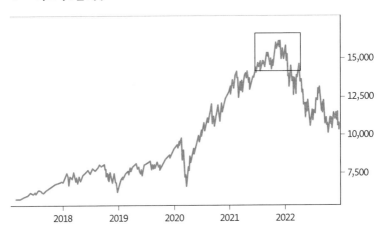

자료 : yahoo finance

1천까지 빠졌다. 전세가 기울어버린 것이다. 여름에 반바지, 반팔 입고 쳐들어왔다가 한 사이클 돌 때쯤 되면 추워지기 시작한다. 날씨가 변하는 것이다. 이처럼 대비가 안 된 채 그냥 계절의 변화를 맞게 되면, 심리적으로 주식 시장의 변화를 견디기 매우 어렵게 된다. 주식 시장의 큰 상승 사이클 하나가 마무리되는 시점이었던 것이다. 시장의 계절이 변하는 사절기 중 하나였다.

을지문덕은 본격적으로 살수대첩을 시작하기에 앞서, 우중문과 우문술을 향해 시를 하나 적어 보냈다. 쉬운 말로 하면 이런 뜻이다.

"너 계속 이겼지? 내가 져줬잖아. 게릴라전을 하면서 지는 척하고 퇴각하고 지는 척하고 퇴각하고 그걸 수천 리 길을 해왔으니 너는 싸움마다 이겼지. 그거 내가 작전 쓴 거다. 덕분에 이미 많이 이겨서 공이 이미 높으니 이제 됐잖아. 그만 가라."

그 화살을 효시로 전투는 시작됐고, 고구려의 파상 공세 앞에, 수나라는 방진을 짜고 다시 살수를 건너 후퇴하기 시작한다. 그러나 전열은 급격하게 붕괴되고 전사에 길이 남을 살수대첩이 시작된다.

반제적격(半濟賊擊): 물을 반쯤 건넜을 때가 반격하기 좋은 시점이다.

앞의 차트로 보면 나스닥 지수가 1.5만을 다시 회복하지 못할 때가 기술적으로는 주식을 전부 매도하고 기다리거나 인버스로 공세를 펴야 할 시기다. 바로 반제적격의 지점이다. 그 이후 시장은 걷잡을 수 없이 쏟아진다. 유동성의 큰 흐름이 끊긴 상태에서 공세가 실패하자, 매수세는 완전히 길을 잃었고, 엄청난 매도세에 압도되어버린 것이다.

수나라는 작은 전투에서는 여러 차례 이겼지만, 전쟁에서는 결국 패했다. 무섭게 몰려오는 군사의 숫자가 중요한 게 아니고 전쟁을 좌우할 핵심 포인트를 파악하는 것이 중요하다. 투자 결정을 할 때도 합리적인 전략을 세워야 한다. 그리고 그 전략에 맞는 수단을 준비해야 한다.

그 수단은 시장 상황과 환경에 의해 결정된다. 예를 들어 최근에 채권이 급락하면서 20년 만에 아주 좋은 채권 투자의 기회가 열렸다. 미국 국채를 담보로 4.4%의 금리를 주는 그런 기회는 흔히 오는 것이 아니다. 국채 장기물 ETF에 투자할 때 듀레이션duration4이 긴 것을 선택하면, 금리가 1%만 움직여도 수익률이 25~30%까지 움직인다. 돈을 벌기 위해 투자를 하는 것이다. 주식 트레이딩에 몰두하기 전에 채권, 부동산, 해외-국내 시장 선택부터 하고, 그 시장에서 이길 수 있는 전략은 무엇인지에 대한 전략적 고민이 선행되어야 한다. 트레이딩으로 전략을 극복하는 것은 매우 어렵다. 어리석은 짓이다.

---

4 현재가치 기준으로 채권에 투자한 원금을 회수하는 데 걸리는 시간

CHAPTER 4

수익보다
비용 통제가 중요하다

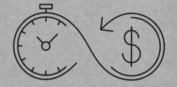

주식 투자의 성공 요소들

투자를 하면서 가장 범하기 쉬운 실수는 바로 높은 수익률만 좇아가는 것이다. 혹시 금융투자회사 직원들의 고객 응대 방법에 대해 알고 있는가? 예를 들어 은행 직원들은 "이 상품은 안정적이고, 절세가 됩니다"라며 고객을 응대한다. 은행은 매우 높은 안정성과 세금을 한 푼이라도 아껴주는 것에 마케팅 포인트가 있기 때문이다. 보험사 직원들은 어떨까? 세상 비극적인 내용들이 끝도 없이 쏟아져 나온다. 아픈 사람과 통제 불가능한 사고로 인해 고통받는 사람들의 구구절절한 스토리가 눈앞에 그려지고 그것에 몰입하면, 바로 계약서에 서명할 수밖에 없게 된다. 위험과 불안을 마케팅으로 이용하는 것이다.

그러면 소위 '증권쟁이'들은 어떨까? "이야, 이거 진짜 엄청 가능성 있어 보이는데, 이거 되게 좋은데, 대충 넣어도 50%는 먹을 텐데" 혹은 "세상이 변했어, 그래서 이게 대박이야"라고 말을 시작하는 경우가 많다. 증권사는 인간의 욕심을 마케팅에 이용한다.

"그렇게 잘 알면 네가 나한테 알려주겠냐?"라고 철벽을 치는 경우도 많지만, 조금 얘기하다 보면, 그들의 현란한 내러티브에 혹하고 계속 듣게 되거나 "어, 그래? 나도 사둔 주식이 좀 있는데 네가 말한 것으로 바꿔볼까?" 하는 반응이 자동으로 나오게 된다.

여기서 핵심은 그들이 보유하고 있는 능력이다. 그들에게는 다른 사람이 순식간에 돈을 벌 수 있다고 생각하도록 만드는 능력이 있는 것이지, 진짜로 짧은 시간에 돈을 버는 능력을 갖고 있지 않다.

나는 투자자들이 어떤 금융투자상품이나 주식의 한쪽 면에만 함몰되면 안 된다고 생각한다. 장단점을 정확하게 파악한 후 상황에 맞게 이용하는 것이 중요하다.

안전성이 있고 세금 몇 퍼센트 아껴주는 은행은 인플레이션 기간에 현금이 쓰레기가 되는 구간에서는 손해다. 오히려 빚쟁이로 사는 것이 유리할 때가 있다는 것을 은행에서 말해주지는 않는다.

미래가 밝아 보이는 투자형 보험 상품은 사업비가 많기에, 혹시라도 잘못 가입하면 5~7년간 낸 보험료가 그대로 보험설계사 성과급으로 지급될 뿐이다. 혹여 그 기간에 해지라도 하면 한 푼도 받을 수가 없다.

증권을 거래할 때는 그들이 말하는 높은 수익률에만 초점을 맞추지 말아야 한다. 그 투자가 성공할 수 있는 확률이 얼마나 되는지, 그리고 그 안에 보이지 않는 재정적 심리적 비용이 얼마나 되는지에 대해서도 함께 고려해야 한다. 그래서 난 투자자들이 트레이딩이나 투자 방법을 선택할 때, 수익률만이 아니라 비용 부분부터 고려해보라고 말한다.

가끔 10년에 한 번 일어날까 말까 한 유동성 장세에서 마치 주식 계좌만 트면 대박이 날 것처럼 말한다거나, 쉽고 빠른 매매를 통해 '비싸게 사서 더 비싸게 팔면' 금방 부자가 될 것처럼 말하지만, 안의 구조를 뜯어보면 매우 불합리하고 얼토당토않은 논리가 수도 없이 많다.

투자 성공 요소를 간단히 생각해보자. 예를 들어 원금이 300만 원이라고 해보자. 큰 꿈을 꾸자. 30억 원을 벌겠다고 마음을 먹었다고 치자. 수치상으로 보면 1,000배인데, 주식을 하려면 그 정도 목표는 세워도 될 것이다. 간단히 산수를 해봐도 1,000배 정도라면 2배씩 10번만 연속 성공하면 되는 가능해 보이는 목표다.

신용이나 레버리지를 2배 사용하면 50%짜리를 1년에 2번만 먹으면 되고, 그럼 한 달에 대충 10%씩 먹으면 되는 것이 된다. 300만 원으로 한 달에 10%씩 수익 내는 것인데, 불가능해 보이진 않을 수도 있다. 아니, 오히려 매우 희망적이다. 그런데 만약 목표한 수익률을 달성한다고 해도, 300만 원으로 월 10% 벌면 한 달에 30만 원을 버는 것이다. 그럼 그냥 다른 일 열심히 하는 게 낫지 않을까? 열심히 일해서 한 달에 300만 원을 벌면, 주식으로 한 달에 100% 수익 내는 것과 똑같은 액수다. 주식은 매일 쳐다보고 있어도 한 달에 100% 내는 경우는 드물다. 그 시간에 나가서 일하면 최소 300만 원이 생기지 않는가! 그럼 그걸 해야 하지 않겠나.

돈 놓고 돈 먹기인 주식 시장에서 원금은 무엇보다 중요하다. 얼마

안 되는 시드seed로 높은 수익률을 일으켜 승부를 보겠다는 건 바보 같은 짓이다. 다음의 공식을 한번 살펴보자.

수익 = A × (1 + Ri) × Pi × Wi × (1 - C)
※ A: 원금, Ri: 수익률, Pi: 성공확률, Wi: 비중, C: 비용

수익을 많이 내기 위해서는, 원금(A)이 무조건 커야 된다. 수익률 (Ri)은 높으면 높을수록 좋다. 그런데 주식이라는 것은 투자 상품이기 때문에 성공에 대한 확률이 100%가 없다. 그래서 여기에는 성공 확률(Pi)이 들어간다. 이 수식은 매우 예민하고 이율배반적이다.

예를 들어 수익률이 높다고 하는 건 단기적으로 급등한다는 뜻이다. 그런 경우엔 비싸게 매입할 확률이 높아 손실 가능성도 같이 커진다. 확률도 높고 수익률도 높은 건 '작전' 밖에 없다. 그런데 이 작전은 하다가 걸리면 잡혀간다. 시장에서 억지로 종목을 끌어 올려서 감옥 가는 사람들이 작전을 하는 이유가 바로 확실하면서도 높은 수익을 내고 싶기 때문이다. 잘못하면 감옥 가니까 변호사비라도 벌려면 더 열심히 해야 할 것이다. 그게 아니라고 하면, 우리는 투자할 때, 늘 성공 확률을 높이는 방향을 찾고 계산해봐야 한다.

낮은 수수료의 유혹

투자에 있어 비중은 매우 중요한 요소다. 아무리 좋은 수익률을 낸

주식일지라도, 비중을 못 실으면 소용이 없다. 100% 수익 나는 것을 5% 들고 있다면 전체적으로 수익률은 5%밖에 되지 않는다. 삼성전자가 폭락하는 날 주식을 샀다가 며칠 후에 팔거나 아니면 지수 폭락하는 날 레버리지, ETF 윗방향으로 사도 그것보다는 더 높은 수익률이 나온다. 그러니 비중은 매우 중요하다.

그런데 급등주를 찾다가 관심이 분산되면서, 좋은 주식을 찾아 비중을 태울 기회까지도 낭비해버리는 결과를 낳게 된다. 비중이라는 것이 얼마나 중요한가. 그런데 좋은 가격이 와도 내 눈은 급등주에 쏠려서 하루 5%를 벌려고 기를 쓰고 있기 때문에 그런 기회를 볼 수가 없게 된다.

별것 아닌 것 같지만 앞에서 나온 수익 공식에서 '1-C'라는 비용을 줄이는 것도 매우 중요하다. 샀다 팔았다 반복하면 수수료는 공짜라고 할지 모르겠지만, 뒤에 0.22%의 세금이 붙는다. 이 0.22%가 반복될 경우 매우 큰 눈덩이 효과snowball effect를 발생시킨다.

증권사 직원한테 이 정도 수수료를 주면 정말 충성을 다할 것이다. 그런데 증권사는 무료로 이용하면서, 서비스와 상관없는 세금은 엄청나게 내고 있는 것이다. 사고팔고를 자주 하게 되면 성공의 확률은 낮아지고, 비중은 제대로 한번 싣지도 못하게 되면서, 복리 효과가 적용되는 비용 증가까지 삼단 콤보가 찾아오는 것이다.

제로 수수료가 가져온 현상 중에 하나가 바로 잦은 매매와 그에 따른 비용 증가의 구조적 함정이라는 것은 참 모순이다. 이런 매매는 내생적으로 실패할 가능성이 크다.

비용 측면에서 매수와 매도가 한 번의 사이클이라고 해보자. 매수를 10번에 나눠서 하고 매도를 1번 할 경우, 비용 측면에서는 하나의 매매 사이클이 된다. 주식 매수는 세금을 내지 않는다. 수수료가 공짜면 들어갈 돈이 없다. 그런데 매도하는 순간 증권사 수수료가 무료라고 해도 비용이 없는 것이 아니다. 세금이 붙기 때문이다.

그러니 무료 수수료를 이용하여 매매 수익 1~2%를 여러 번 챙겨서 초단기로 티끌 모아 태산을 만들어 보겠다는 전략은 많이 고민해 봐야 한다. 티끌은 모아봐야 티끌이지 산이 되지 못할 수도 있다.

어떤 트레이딩이나 투자 전략을 수립할 때 우리는 항상 이기는 경우만 생각한다. 또 높은 수익률만 생각해서 성공을 가정하고, 반복되는 비용 구조는 생각하지 않는다. 그런데 냉정하고 치밀하게 판단해야 할 것은 성공하는 순간이 아니고 실패할 확률이다. 실패했을 때 우리가 부담해야 하는 보이지 않는 비용을 생각해야 한다.

그것은 앞에서 계산한 것처럼 손해를 봤는데도 부담해야 하는 0.22%의 세금 같은 것도 있지만, 매매가 자주 실패할 경우 찾아오는 심리 위축이나 매매에 쏟게 되는 시간, 에너지까지 포함된다.

실패가 지속되면 비중을 태우면서 거래해야 할 성공의 시점에는 정작 자신이 없어지고, 하루 종일 현재가 창만 지켜보고 있으면, 기업에 대해 더 깊이 알아갈 시간을 비용으로 다 써버리게 되는 것이다.

확률에서 지고 시작하는 투자

결국 성공 투자는 겉보기와는 다른 복잡한 구조다. 원금도 일정 수준

이상으로 늘려야만 노동으로 버는 돈 이상을 벌 수 있고, 두렵더라도 비중은 태우면서 그에 수반하는 비용은 줄여야만 한다.

또 투자에는 심리가 포함되기 때문에 지난 후에 단순히 숫자로 이랬다면 어땠을까 생각하는 것은 의미가 없다. 실전에서는 상황이 매우 달라진다. 수비수가 없는 텅 빈 축구 골대에 슈팅 연습을 하는 것과 실제 상대 팀과 경기할 때, 경험으로 얻는 깨달음이 같을 수가 있겠는가? 90분을 뛰고 연장까지 갈 때가 있듯이, 한두 번 이기는 전략으로 나머지 인생을 투자 전략을 계획하면 안 된다. 무엇이 가장 중요할까를 고민해봐야 확률적으로 이길 자리를 찾는 눈을 갖게 될 것이다. 그래야 신중하게 매매도 하고, 비중도 충분히 가져가면서, 확률도 높여갈 수 있다.

주식 시장에서는 항상 업다운up-down이 발생한다. 시장이 상승할 때는 거의 대부분의 투자자들이 성공한다. 그럴 때는 세금이나 비중 같은 것들은 크게 신경 쓰지 않아도 될 만큼 풍요롭다. 그런데 하락기에는 모든 요소가 불리해진다. 설령 운이 좋게 수익 100%를 냈다고 해도 손실은 50%만 나면 본전으로 끝난다.

그렇기 때문에 개인투자자들은 시드를 충분히 지키고 키운 상태에서 상승장이 올 때를 기다리고 노려야 한다. 투자라는 것이 노력해서 될 때가 있고, 아무리 노력해도 안 될 때가 있다. 주식 말고 채권이나 부동산 등 다른 여타의 투자 자산을 많이 알고 있어서 리스크를 요리조리 피하면서 투자해나갈 수준이 아니라면, 단지 분할매매나 단기매매, 손절매 등의 트레이딩 방법으로 손실을 피할 수 있다고 생각하는 것은 어리석다.

5% 손해를 1% 손해로 마무리 짓는 것을 노하우라고 생각할 수 있다. 그러나 이러한 방법은 결국 자신의 자산 수익률과 투자 심리 안정성에 큰 타격을 주는, 큰 비용의 증가를 수반하는 거래일 뿐이다.

"차트 보고 매매해라", "성장주를 사라", "장기투자 하라", "가치투자 하라" 등 많은 방법론이 제시되곤 한다. 분명한 것은 이런 말들은 일정 국면에서는 적합하게 보이지만, 그 일정 구간을 지나버리면 매우 쓸모없거나 위험한 말이 된다. 이런 레토릭을 맹신하게 되면 실패할 확률이 매우 높아진다.

시장의 큰 흐름에서 이길 확률이 높은 자리를 찾아야만 한다. 금리가 오르는데 성장주를 투자하거나 추세 하락장에서 장기투자 하는 것은 성공 확률을 낮추는 투자다. 어쩌면 그냥 죽으라는 얘기일 수도 있다.

확실한 것 한 가지는 시장이 전체적으로 올라갈 때, 내 투자도 성공할 확률이 같이 높아진다는 것이다. 높은 수익률이라고 하는 것도 결국 시장의 에너지가 모아지는 쪽이 가능성이 크다. 이에 대해서는 이 책의 후반부에 주도주나 성장가치주들을 선택하고 투자하는 방법에서 자세히 다뤄보겠다.

결국 투자의 성공 확률을 높이기 위해서는 언제 살 것인가를 고민하는 자세가 더욱 필요하다. 충분히 조사하지 않고 매매를 하거나 시장이 매우 불안정할 때, 매매의 방법론을 통해 극복하려 한다면 매우 위험하다. 잘 모르는 업종이나 종목에 큰 기대를 갖고 비중을 함부로 높인다거나, 잦은 실패로 심리적인 위축이 발생했을 때 매매를 이어가는 것은 결국 그 자체가 실패다.

수익률 극대화의 비밀, 확률 배팅 전략

결론적으로 수익률을 극대화하려면 수학적, 확률적으로 조합된 전략이 꼭 필요하다. [수익=A×(1+Ri)×Pi×Wi×(1-C)]이라는 방정식에서 말하고자 하는 핵심, 수익을 극대화하는 핵심이 무엇인지를 파악해야 한다.

비용(C)이 늘지 않도록 하려면, 세금을 적게 내면서 매도는 최대한 줄이면 된다. 이 말은 다른 말로 해서, 오랜 기간 물려 있을 수 있어야한다는 말이다. 그러려면 매수한 종목에 대한 확신이 있어야 하고, 기업의 실적과 재무제표에 먼저 영점 조정을 하는 것이 좋다. 왜냐하면 주가와 기업 실적과의 상관관계는 80%이기 때문이다. 공시에 좋은 실적을 냈다고 해서 주가가 오른다는 말이 아니다. 여기서 말하는 실적은 미래의 실적이라 추정을 통해 미리 알아내야 한다는 게 포인트이지만, 불가능한 일은 아니다.

그러고 나면 우상향하는 업종과 종목을 잘 선택해야 한다. 이것은 주식을 알아보는 능력이기 때문에 오랜 기간 노력이 필요하다. 또 시장이 그 좋은 종목에 동의해주는가가 중요하기 때문에, 알아줄 때까지 기다려야 한다.

그렇기에 내가 생각한 좋은 종목을 시장이 좋아하는지 꾸준하게 관찰하면서 투자를 진행해야 한다. 이런 투자 방식은 확률적으로나 심리적으로 안정감을 주게 되어 있다. 급할 것이 없기 때문에 비싸게 살 것도 없고, 잦은 매매로 비용이 증가하거나 심리가 위축될 일도 별로 없다.

사람은 누구나 종목이 올라갈 때 더 올라갈 것 같고 내릴 때는 불안하고 팔고 싶어지기 마련이다. 사람의 기본적인 심리가 올라갈 때 따라 사고, 내려갈 때 같이 팔아버리게 되어 있다. 그러니까 어떤 사람들은 주식은 매매하는 게 아니라, 그냥 쥐고 있는 것이라고 얘기하기도 한다. 차라리 그게 나을 수도 있다.

매매 방법보다는 종목을 고르는 방법부터 먼저 배우는 것이 좋다. 2,000개 종목들 중에서 나에게 심리적 안정감을 주는 종목들부터 챙겨놓고 그것을 관찰하는 것이, 급등하는 주식들만 따라다니면서 매매하는 것보다 낫다.

비중(Wi)를 늘리기 위한 가장 큰 걸림돌은 바로 심리다. 가격이 낮을 때 많이 사야 평균 단가가 확 내려갈 것 아닌가? 그리고 낮은 가격에 사야 올라갈 확률이 더 높은 것 아닌가? 그런데 하락할 때는 주식에 손이 잘 안 나간다. 쉽게 말해서 '올라갈 자리에서 매수'를 잘하려고 하지 말고, '더 내려갈 자리가 없는 곳에서 매수'를 하려고 노력하는 게 훨씬 더 현명하다. 이게 가능하냐고? 가능하다. 완벽한 저점을 특정할 수는 없지만 '여기서 더 빠지면 그건 더 큰 기회'로 보이는 곳이 어떤 주식에든 있게 마련이다.

수익은 매수와 매도를 잘해서 되는 게 아니다. 매수만 잘하면 수익은 결정된다. 이게 핵심이다. 매수 성공의 확률을 높이기 위해서 어떻게 해야 할까? 매우 단순하다. 그냥 매수하는 횟수를 늘려주면 된다. 단 그냥 일정한 시기에 매수만 나눠서 한다고 되는 게 아니고, 타임스팬 time span (시간의 길이, 기간평균)을 길게 하면서 시간분할매수 time allocation 를 하는 것이다.

그 안에 있는 수학적인 산식을 한번 보자. 만약에 내가 주식 투자에서 90%의 확률로 성공할 수 있다고 해보자. 이 정도면 주식을 아주 잘하는 사람이다. A라는 돈을 투자해서 90% 성공하고 다시 이 돈을 재투자해서 또 성공할 확률은 역시 90%다. 이걸 수식으로 만들어서 연속적으로 투자할 경우 결과가 어떻게 될까?

n차 투자가 진행된 이후 투자 수익은 다음과 같다.

수익 = A × (1+Rn) × 0.9^n

※ Rn: n번째 투자수익률, 0.9^n: n번째 성공할 확률

n번째까지 연속으로 성공할 확률은 90%, 즉 0.9의 n승이 된다. n이 자꾸 커지면 커질수록 0.9^n은 0의 값에 수렴하게 된다. 그러니까 90%의 확률로 성공하는 사람이 자꾸 샀다 팔았다를 반복하게 되면 어떻게 될까? 성공 확률은 처음에는 크지만 점점 줄어든다. 결국에는 무한대로 가게 될 경우, 성공할 확률이 0으로 수렴한다. 아무리 큰 값이라도 0을 곱해주게 되면, 그 값은 0이 된다.

거꾸로 이것을 실패할 확률로 계산해보자. 주식을 사면 실패할 확률이 90%인 사람이 있다고 해보자. 이 사람은 실패할 확률이 높다는 것을 알기 때문에 최대한 조심조심, 분할해서 투자할 것이다. 단타를 칠 가능성은 거의 없다.

수익 = A × (1+Rn) × 0.9^n

※ Rn: n번째 투자수익률, 0.9^n: n번째 실패할 확률

실패를 줄이기 위해서 어떻게 해야 하는가? n분의 1을 하면 된다. 살 때 조금 사고, 다시 조금 사고, 또다시 조금 사는 식으로 신중하게 계속 산다.

주가가 높이 올라갈 때 따라가지 않고 바닥에서, 또한 경제 지표가 완전히 안정되고 뒷바람을 받을 때 확률적으로 높은 자리에서 분할해서 매수했다고 해보자. 매도는 하지 않았다는 전제다. 매수와 매도는 한 사이클이다. 매수만 하고 평가손실을 기록 중이라고 하면, 그것은 실패가 아니다. 그러면 이 사람이 매수에서 실패할 확률이 n승이 되어버리고, 그럼 0.9^n가 0으로 수렴해버린다.

증권사에서 고객을 상대할 때 아주 이상하다고 느끼는 것이 하나 있다. 보통 큰 손해를 본 고객들은 크게 상승한 종목에서 더 자주 나타난다. 급락하는 종목이 아니라 급등하는 종목에서 깡통을 차는 사람들이 더 많다는 것이다. 우상향했다면 종목 선택이 잘못된 것은 아니다. 확률상 매우 불리한 트레이딩을 했을 뿐이다. 매수와 매도가 빈번히 이루어질 때마다, 심리나 비용 측면에서 매우 불리해지게 되었을 뿐이다. 그것을 파악하고 현명한 선택을 할 수 있다면 매매를 서두를 이유가 전혀 없다.

그러니까 실패를 줄이려면 매수와 매도를 반복할 게 아니다. 내가 어떤 종목을 샀는데 거의 90% 실패라면 매도를 안 하면 된다. 매수를 반복하다 매도를 딱 하면 이게 실패할 확률은 0으로 떨어진다. 성공할 확률이 높아진다는 것이다.

다시 정리하면, 우하향하는 종목에서 투자에 성공하겠다고 하는 것은 논의할 가치가 없다. 그런데 우상향으로 방향성이 결정된다면,

그래서 시장 상황이나 수급에 의해 출렁이는 종목의 경우 결국 가치를 반영하여 올라간다면, 분할해서 매수하는 것이 확률이나 비중 문제를 한꺼번에 해결하는 묘수다. 물타기라고 하는 것이 매우 위험하다고 말들을 한다. 그런데 실제로 물타기와 저점 매수는 잘 구별되지 않는다.

자세한 것은 뒤에서 또 설명하겠지만, 확률을 높이는 방법은 경제 상황, 업종 선택 그리고 종목 선택만이 아니라, 트레이딩을 하는 과정에서 사람이기 때문에 저지를 수밖에 없는 확률까지 통제하고 필연적으로 내포된 지속적 패배 확률까지 고려하는 것이다.

이것을 그림으로 표현하면 다음 그래프와 같다. 차트는 어쨌든 우상향한다고 가정해보자. 그러면 첫 번째 원에서 사고, 두 번째 원에서 사고, 분할 매수하다가 세 번째 원에서 고점이라고 판단해서 팔

◆······ **주식의 사이클 예시**

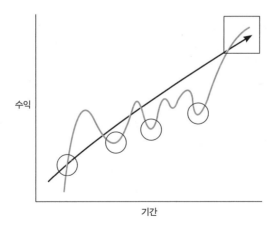

면, 매도를 한 순간이 바로 한 사이클이 돌아간 것이다. 한 사이클이 마무리되어야 비용, 확률, 비중 그리고 수익까지 결정이 나는 것이다. 그러나 이것은 성공과 실패의 확률에 있어 한 번의 확률로 들어가는 것이다.

원으로 표시한 지점들에게 계속 사고만 있다가 우상향 마지막인 박스로 표시한 지점에서 매도한다. 이러면 비중이 늘어나고 확률도 높아진다. 매수 수수료는 거의 제로^{zero}이고, 매도 1회에 들어가는 세금만 계산했을 경우, 매우 합리적인 거래다. 이렇게 거래하는 것을 '추세 매매'라고 한다.

잊지 말자. 거래가 지속되면, 세금은 기하급수적으로 늘어난다. "그깟 세금 0.22%가 뭐가 대수라고, 하루에 5%만 먹으면 그건 아무것도 아니다"라고 할 수도 있다. 차트가 완성된 후에 보면 저점과 고점 변곡점이 기가 막히게 잘 보이고 후행 보조 지표들이 전부 그럴싸하게 보인다. 모든 것에 비밀이 있는 것처럼 보인다.

그러나 우리는 오늘 하루 자기 자신의 기분조차도 통제 못하는 나약한 인간에 불과하다. 그런 인간들이 모니터 뒤에 숨어서 의사결정을 하는 과정에서 만들어지는 가격을 가지고 돈을 벌고 잃고 하는 것이다.

결국에는 대다수가 움직이는 방향을 읽어내고 확률적으로 이길 수 있는 전략을 짜지 않으면 안 된다. 처음에는 이기는 것 같겠지만 누적된 확률로 실패에 다가가면 결국 뒤집을 기회가 많지 않다. 그걸 뒤집기 위해 무리한 배팅을 하게 되면서 매우 위험해지게 된다.

수익률보다 수익금

투자는 수익률보다 수익금이 중요하다. 이 책을 읽고 있는 여러분 중에는 투자를 직업으로 하지 않는 사람이 대부분일 것이다. 그럼 이렇게 생각해보자. 1년 연봉 규모로 주식을 할 때, 나의 주식 투자는 나에게 며칠분 정도의 급여를 줄 수 있을까?

어떤 사람은 1억 원을 투자해서 10억 원의 큰돈을 벌어보겠다고 증시에 들어온다. 보통 그런 투자자들의 투자 행위는 정해져 있다. 초반에는 조심도 하고 의심도 하지만 결국 능력이 안 되니 커닝도 하고 그럴싸한 말들에 심취한다.

물론 단기적으로 공부도 열심히 한다. 그러나 정보가 주어졌을 때 분별하는 능력이 없으니 결국 설사약 같은 투자에 진입하게 된다. 손실이 조금 생겨도 금방 다시 빼내면 될 것 같아 추가로 돈을 끌어다 더 태운다. 혹시라도 손실이 발생하면 만회하기 위해 급등하는 것들 따라다니다가 빼도 박도 못하게 물려 버리고 한없이 기다리는 비자발적 장기투자에 진입하게 된다.

수익률보다는 수익금이 중요하다. 1억 원을 은행에 넣으면 5%의 이자를 준다고 생각해보자. 연봉 1억 원인 사람은 평균 휴가 빼고 250일을 일한다고 봤을 때, 하루에 세전 40만 원의 일당을 받는다. 그럼 5%의 이자는 약 500만 원이 되니, 12일 정도 일당을 더 받는 것이다.

주식도 이렇게 계산해봐야 한다. 그냥 아르바이트를 주식 시장에 와서 하는 것이다. 돈을 갖고 와서 거래를 하는 것을 조건으로 하는 파트타임part time일 뿐이다. 투자를 어렵게 생각하면 한도 끝도 없다. 그리고 기준을 어디에 두어야 하는가에 대해서도 각자의 생각이 있을 것이다. 그 생각이 무엇이든, 주식은 돈 벌기 위해서 하는 것이다. 그러므로 실속 있는 방식으로 사고하고 행동해야 한다.

예를 들어, 1억 원을 계속 들고 있다가 3~4개월에 한번씩 급락할 때마다 지수 ETF를 매수해서 들고 10%씩만 먹고 팔아도, 연간으로 보면 30~40%가 나온다. 어렵지도 않다. '증권사 신용 담보 부족 반대매매 속출'이라는 뉴스가 나올 때마다 그렇게 윗방향으로 지수만 샀다 팔았다 하면 된다.

연간 단위로 20% 정도 수익을 내는 1억 원 규모의 투자자는 2,000만 원 정도의 수입을 올린다. 그럼 40만 원을 일할로 계산했을 때, 50일 치 수당을 챙긴 것이 된다.

〈타짜〉라는 영화에서 편경장이라는 고수가 밑장 빼는 초급 손기술을 쓰는 고니에게 이런 말을 한다.

"밑장을 빼면 소리가 달라, 소리가."

주식도 수익률에 목표를 두면 '심리'가 달라진다. 편하게 수익금을 챙길 수 있는 많은 기회들을 뒤로한 채 높은 수익률을 줄 것 같은, 그 럴싸한 내러티브만 찾아 듣고, 그런 종목들에 배팅을 해나가기 시작한다. 한 방에 그런 주식들이나 루머에 돈을 태우면, 성공 확률은 자연법칙적으로 줄어들게 되어 있고, 몇 번 실패하면 무서워서 비중을 싣지 못한다. 정보가 많이 좋아도 못 믿게 되고 1억 원 중에서 500만 원, 1천만 원 치를 산다. 그제야 '분할매수' 개념을 인지하기 시작하는 것이다. 그런데 신기하게도 그렇게 매수하고 나면 급등해버리고,

많이 사서 기다리는 종목들은 횡보하거나 오히려 하락하는 기분이 든다. 시장은 늘 그래왔는데, 주식 투자를 시작하는 순간부터 시장은 계속 다른 모습으로 보인다.

처음부터 수익률보다 수익금으로 기준을 세워보라. 그냥 삼성전자를 10%, 지수 ETF를 10%씩만 수익 내겠다고 마음먹어라. 그리고 나서 그런 기회가 몇 번이나 오는지 세어보자. 그리고 그게 정말 부를 쌓는 데 도움이 되는지 안 되는지는 그때 가서 얘기하자.

다음 그래프를 보면, 박스로 표시된 곳은 신용 잔고가 급격하게 줄어든 때를 나타내는 것이다. 신용잔고는 금융투자협회(freesis.kofia.or.kr)에서 확인할 수 있다. 박스로 표시된 부분은 보통 최소 5%에서 많게는 15%의 지수가 올라간다. 평균 9.5% 정도 된다. 저 7번의 기회 중에서 큰 것으로만 4~5번 성공했다고 하면, 대충 40~50% 수익

◆⋯⋯ **2022년 9월 기준 코스피의 1년 흐름**

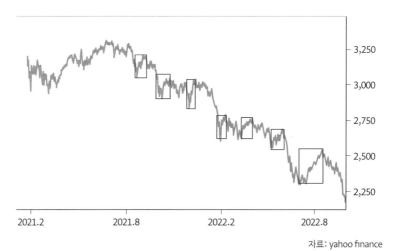

자료: yahoo finance

을 거두게 된다.

지수가 큰 낙폭을 보일 때 분할해서 ETF만 그냥 매수해도 되는데 그깟 5%, 10% 이삭 줍기 하는 것으로 언제 부자가 되겠느냐고 한다. 금리가 치솟는데 미래를 짊어질 성장주에 돈 때려박고 기다리면 다시 성장주 사이클이 올 때까지 5년이고 10년이고 기다려야 하고, 운이 안 좋으면 유상증자를 맞아서 추가 자금을 납입하고 크게 물리게 될 것이다.

기준은 수익금이어야 한다. 충분히 마음 놓고 살 수 있는 자리에서 매수할 충분한 기회가 주어져야 하고, 그래도 되는 확실한 이유가 뒷받침되어야 한다. 심리적으로 안정된 상태로 투자 의사 결정을 통해 내가 버는 일당의 몇 배를 벌 수 있을까에 초점을 맞춰야 한다. 50%, 100% 같은 수익률 기준은 버리는 것이 낫다.

CHAPTER 5

심리의 지배자와 피지배자

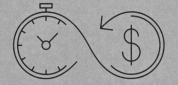

트레이딩을 지배하는 자의 무기, 레인지 매매

주식 투자는 '올라갈 주식을 낮은 가격에 사서 비싸게 파는 행위'라고 할 수 있다. 멀리 보고 투자를 길게 하는 것에 대해서도 공감하지 못하는 것은 아니지만, 20년 넘게 투자하고 업계에 있으면서 한국의 시장 환경에서는 그렇게 하는 것이 불리하다고 확신하게 되었다.

주식 투자의 시작은 트레이딩이 되어서는 안 된다. 수익부터 크게 내겠다는 목표가 우선이 아니다. 줄줄 새는 비용을 통제하고 확률적으로 낮아질 수밖에 없는 전략부터 버리려고 노력해야 한다. 심리를 고려하지 않은 전략이나 목표는 매우 공허한 결과에 이를 수밖에 없으며, 그렇기에 매우 현실적인 수익금을 목표로 삼아야 한다. 초보자는 허공에 떠 있는 높은 수익률에 초점을 맞춰서는 안 되고, 잃지 않으면서 얼마나 벌 수 있는가에 신경 써야 한다. 수천만 원으로 수십

억 벌었다고 하는 것이 메시아의 복음처럼 들릴 수도 있지만, 속을 들여다보면 그 과정에 우연이 많이 포함되어 있으며, 누구나 다 할 수 있다고 알려진 것은 과장된 것이다.

한국의 종합지수는 10년간 박스권이었다. 2,000선을 중심으로 10년을 움직였다. 이제부터는 2,100선을 중심으로 위아래 10% 정도를 왔다갔다 하기를 바랄 뿐이다. 다음 그래프에서 검은색 박스는 2019년 팬데믹이 터지기 전 흐름이다. 중심값이 2,000이다. 그리고 나서 2019년부터 팬데믹과 폭등장세를 빼고 나면 주황색 구간이 될 희망은 있어 보인다. 결국 한국 시장에서는 장기투자보다는 저점에서 사주고 고점에서 팔면서, 확률이 높은 트레이딩을 해야 승산이 있다. 그렇지만 그것도 대부분의 투자자는 직장생활을 병행하면서 해야 한다. 주식 투자 경험이 그리 많지도 않은 상황에서 말이다.

◆······ **코스피 20년 흐름**

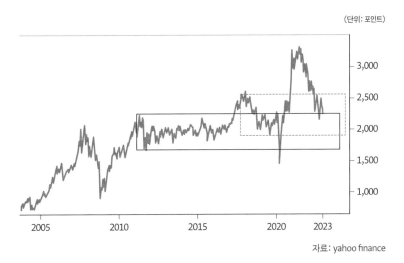

(단위: 포인트)

자료: yahoo finance

이제부터 마음 편한 매매를 하기 위해 필요한 전술적인 방법을 말해보려고 한다. 지금 잠깐 눈을 감고 생각해보자. 짜증 나는 직장을 그만두고 종일 주식 투자를 하겠다는 생각을 하고 있는가?

실질적으로 주식 투자자의 5%만 플러스 수익을 낸다. 그것도 연속적으로 내는 사람은 2~3%도 안 될 것이다. 직장에서는 연봉 5천만 원을 받는다면, 그 정도의 수익을 내기 위해서는 도대체 주식 투자의 시드 머니^{seed money}가 어느 정도여야 할까? 그리고 얼마 정도의 수익률이어야 그 정도의 수익을 보장받을 수 있을까? 그냥 열심히 일하고 연봉을 더 올리는 게 낫지 않겠는가!

그래서 내가 직접 해보고 주로 사용하며, 직접 이름을 붙인 매매방법을 소개하고자 한다. 바로 '레인지^{range} 매매'다. 레인지란 특정 범위를 나타내는 말이다. 특정 범위 안에서의 거래를 모두 옳다고 인정해주는 것이 기본이다. 나를 가장 괴롭혔던 것은 '여기서는 더 안 떨어지겠지, 이 위로 올라가면 내리겠지'라는 내 생각이 틀렸을 때다. 사람이라면 누구나 내 생각이 틀렸다면 생각을 바꾸려고 한다. 그러나 정확하게 저점과 고점을 찍는 방법은 내가 아는 한 없다. 그러니 그런 방법을 열심히 연구할 게 아니라, 그냥 그 목표부터 버리면 아주 간단하다. 주식 투자에는 전혀 지장이 없다.

주식의 트레이딩에서 가장 안타까운 모습 중에 하나는 정확하게 어떤 시점에서 위아래를 판단하는 데 매진하는 것이다. 흔들리는 배에 있으면 어지럽다. 그렇다고 해서 파도가 치는데 안 흔들리는 배를 만들려고 하면, 그것은 바다를 이기겠다는 마음이다. 불가능하다. 그러니 그냥 같이 흔들리면서 멀미약을 먹으면 그만이다.

점, 선, 면으로 읽어내는 확률

자꾸 점과 선만 거론하지 말고 면을 보자. 차트를 읽을 때는 가격의 일정한 선이나 하나의 점보다는 차트가 그려내는 면적 자체를 봐야 한다. 그 면적 안에서 매수와 매도의 공방이 생기다가 매수가 매도를 압도하는 시기에 나는 매수 편에 붙으면 된다. 이것이 바로 레인지 매매다.

과녁이 있다고 해보자. 활을 쏠 때 정중앙의 점이나 9점 라인 선을 맞춘다고 하면 매우 어려운 일이 될 것이다. 그런데 그저 동그라미 원 안에만 들어간다면 그 안에서는 10점이든 9점이든 전부 득점이 된다.

주식 투자도 어떤 일정한 레인지 안에서 매수하고 매도하는 기준을 갖고 하는 것이 심리적으로나 산술적으로 매우 유리하다. 선은 점보다 넓고, 그 선으로 둘러 쌓인 면적은 그 선보다 더 크다. 이를 확률로 대체하면, 일정한 타점이나 지점을 고려하는 것보다는 범위를 선택하는 결과를 낳게 되어 매우 확률상 유리해지고, 심리적으로 매우 안정적으로 투자를 진행할 수 있다. 쉽게 말해, 차트 분석으로 매매

◆······ **과녁**

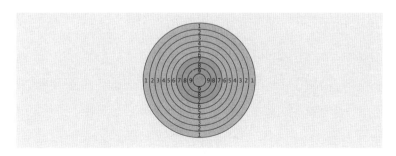

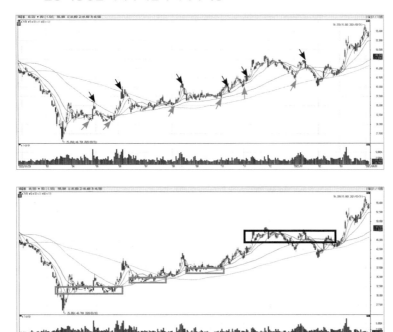

자료: 유진투자증권

하다가 좀 틀렸다고 해도 너무 자책하지 말고, 투자자 스스로에게 조금 더 느슨한 기준으로 여유를 찾게 해주자는 말이다.

위 차트의 주황색 화살표에서 매수하고 검은색 화살표에서 매도할 수 있다고 해보자. 후행적으로 나타난 다음 차트에서 보면 매우 합리적으로 보일 것이다. 그런데 매일 주가의 흐름을 읽어가면서 매매를 하다 보면, 당장 한 시간 후에 차트가 꺾어질지 혹은 어디까지 올라갔다 내릴지 도무지 판단이 어려울 것이다. 그럼 판단을 매일 내려야 하고, 양봉이 나는 날이나 음봉이 나는 날엔 고민이 계속될 것이다. 판단을 내렸다고 하더라도 후회가 지속될 것이다. 나중에는 반복되는 실패에 자신감을 잃게 되고, 의욕도 떨어지게 될 것이다.

그럼 똑같은 차트에서 레인지 매매를 적용해보자.

주황색 박스가 가리키는 권역에서는 매수만 한다. 설령 급등했다가 가라앉는 일이 있다고 하더라도, 검은색 박스 구역에 들어가기 전까지는 오로지 매수만 한다. 이동평균을 따라 가면서 매수-매도를 결정하는 것이 아니라, 시가 총액과 이익을 보면서 일정한 배수나 싼 가격에 들어오면 매수나 매도를 진행하는 것이다.

일정한 가격, 일정한 선을 맞추고 지키고 하는 트레이딩은 직장인으로서 사실상 불가능하다. 아마 전문 투자자들도 그게 잘 안 된다는 것을 알 것이다. 그런데 어떤 일정한 가격대에서 거래되는 주가를 오랜 기간 관찰한 후 일정한 범위 안에 있다면, 틀렸다고 스트레스 받을 것도 없고 손절할 이유도 없으며 예상보다 5~10% 올라간다고 하더라도 급하게 매수를 따라갈 이유는 전혀 없다.

그냥 차분히 밑에 대고 사면 좋고 못 사면, 나중에 또 살 기회가 온다고 믿으면 된다. 잘 생각해보자. 저렇게 해서 평균 단가를 잡아서 매매할 때, 수익률이 만족스럽지 않겠는가? 차트를 볼 때는 땅따먹기로 봐야 한다. 매수와 매도의 세력 싸움으로 봐야 한다. 시간이 지나면서 밀고 밀리는 흐름이 나오게 되는 것이고, 그것은 점에서 선으로, 선에서 면으로 어떤 모양을 나타낼 것이고, 우리는 그 과정에서 확률이 높은 자리를 찾아 시야를 확대해나가면 되는 것이다. 그러면 조금 더 안정감 있고 편하게 주식 투자를 할 수 있고, 결과적으로 수익률도 더 잘 나오게 된다.

CHAPTER 6

---◆---

뉴스와 리포트를
어떻게 읽을 것인가?

뉴스와 리포트를 읽는 방법

투자를 하는 데 있어서 정보는 매우 중요하다. 예를 들어, 군사 조직은 전투부대, 전투지원부대, 전투근무지원부대 등으로 나뉜다. 전투부대는 전장의 최전선에서 싸우는 부대를 말하고, 전투지원부대는 직접 전투는 하지 않지만 보급처럼 전투를 수행하는 데 필요한 지원을 해주는 부대다. 그래서 '정보부대'라고 하면 왠지 전투지원부대처럼 느껴질 것이다. 그런데 정보부대는 전투병과로 분류된다.

주식 투자에서도 마찬가지다. 실제로 투자를 할 때 받는 정보 중에서도 전투부대에서 나오는 정보가 있고, 그렇지 못한 것이 있다. 정보는 주식 투자에 있어서 전투부대와 같다. 매우 정밀해야 하고, 야수성이 있는 정보여야 쓸모가 있다. 포연 탄화가 빗발치는 전장에서 정보 한 토막은 생사를 가르는 것이다. 그것이 적의 기만술인지 심리

전인지, 믿을 수 있는 소스인지 정확히 알고 투자해야 한다.

인터넷 신문 기자 한 명이 하루에 120~130개의 기사를 내보낸다는 뉴스를 읽은 적이 있다. 하루에 9시간 일 한다고 치고, 밥 먹는 시간 1시간 빼면 8시간, 즉 480분이다. 그럼 거의 3~4분에 기사를 하나씩 내보낸다는 말이 된다. 10줄짜리 기사만 쓰기에도 시간이 모자란 수준이다. 그 기사들에 내용이 중요하겠는가?

그런 뉴스들을 보고 투자자들이 반응하면 주가가 마구 움직인다. 그것을 보고 매매할 경우 어떤 일이 벌어지겠는가? 기사들을 베껴서 내기도 충분치 않은 짧은 시간에 나온 정보들을 의심 없이 덜컥 믿었다가, 며칠, 몇 달 힘들게 일한 돈을 한방에 잃을 수도 있다.

직접 검증하지 않고 퍼온 뉴스는 스스로 커져간다. 내가 읽은 뉴스를 주변 사람이나 커뮤니티에서 똑같이 말하는 글을 보면, 그 말이 마치 사실인 것처럼 생각되기 시작한다. 그러면서 자꾸 확증 편향의 스파이럴spiral이 만들어진다.

리포트도 마찬가지다. 리포트는 글을 쓰는 애널리스트들의 입장에서 읽어야 한다. 그것이 산업에 대한 장기적 전망을 쓴 것인지, 아니면 전혀 모르는 사람들을 위해 기초 세미나 자료를 만든 것인지, 아니면 매수와 매도에 영향을 끼치려고 하는 것인지 꼭 생각해봐야 한다.

리포트를 읽을 때는 두 가지를 잘 지켜봐야 한다. 하나는 비중이고 나머지 하나는 목표가다. 개인투자자들은 목표가보다 비중을 보는 게 낫다. 목표가는 놔두고 비중을 낮춘다면 그냥 팔라는 소리다. 비중 확대와 목표가 상향까지 나오면, 긴 관점에서 매수로 대응해봐도 되는 수준이라고 보면 된다.

그러니까 결론적으로 리포트나 뉴스나 다 같이 오랜 기간 검증해서 써야 한다. 믿을 만한 정보원인지도 중요하고, 비록 그렇다고 하더라도 내가 이 뉴스를 1차 수증자인지, 2차 이상의 후행 수취자인지 파악하는 것도 필요하다. 그러나 무엇보다 중요한 것은 기업의 장기 주가나 실적에 영향을 미칠 만한 내용인지 아니면 단기 시세 변동으로 끝이 날 이슈인지 확인하는 것이다. 이것은 정보의 성격과 관련 없이 본인의 노력 여하에 따라 달라질 수 있기 때문에, 노력한 만큼 성과가 크게 나오는 부분이다.

예를 들어 어떤 5G 업체 중 하나가 장중에 갑자기 유상증자 공시를 냈다. 유상증자의 경우 보통은 주가 희석 요인이고, 주주들의 주머니에서 돈이 나가야 하는 이벤트이기 때문에 보통 공시 이후에는 큰 매도 매물이 나오게 마련이다. 그런데 통신 장비 업체들이 갑자기 증설을 했다는 것은, 통신사에 대규모 납품을 앞두고 자본적 지출 CapEx 투자를 하기 위함일 수가 있다. 그래서 조사해보니 유증의 목적이 설비 증설이었다.

그날 나는 마이너스가 크게 나는 주식을 힘껏 매수했다. 단기 뉴스로 정확한 정보였고, 유상증자는 주주한테는 좋지 않은 뉴스였다. 그러나 그런 뉴스 뒤에 때로는 큰 호재가 숨어 있을 수도 있었다. 단순하게 유상증자는 나쁘다는 선입견만 갖고 나면, 아주 좋은 기회를 놓치게 될 수도 있었다. 그 이후로 그 주식은 5G가 주도주로 등극하면서 10배 정도까지 상승했다.

우리가 사는 세상, 특히 주식 시장에서는 뉴스가 모자라서 문제가 아니라 뉴스가 넘쳐서 문제가 되는 경우가 많다. 어떤 뉴스가 쓸모 있는 뉴스이고 어떤 뉴스가 지속적으로 내 종목을 좋게 만들 뉴스인지, 혹은 어떤 리포트가 나의 재산 증식을 위해 전략적인 판단을 도와줄 수 있는 리포트인지부터 판단해야 한다. 그런데 보통 주식을 열심히 공부하고 노력한다고 하면, 그런 기사, 리포트, 분석 영상 등을 보고 암기하는 수준에서 그친다. 사실 그것만 알고 있어도 뭔가 배부른 느낌이 들 것이다. 그런데 그럴싸하게 들린다고 바로 주식 매수로 연결하면 크게 다치게 된다.

정보는 약과 같다. 처방을 통해 사용처, 복용 방법, 유통기한, 보관 방법까지 다 알아야 완벽하게 사용할 수 있다. 그냥 약처럼 생겼다고 입으로 가져갔다가는 약물 오남용으로 큰 화를 당할 수 있다.

정보, 정확성, 속도, 지속성을 구분하자

정보를 받게 되면 정확성, 속도, 지속성 등을 정확하고 확실하게 판단해야 한다. '큰 태풍이 올라온다'는 뉴스가 있다고 해보자. 태풍이 올라오고 대규모 홍수가 나오고 재난 사태가 일어난다. 그러면 수혜주가 무엇이겠는가? 축대가 무너질 것이고 쓰레기가 많이 나올 거니까 축대가 무너지지 않게, 산사태 방지하기 위한 앵커를 생산하는 코리아에스이(현 하이드로리튬) 같은 업체를 떠올릴 수 있다. 서울에 있는 가로수가 다 넘어가고 토사가 나오면 쓰레기 차들이 와서 다 싣고 가야 한다. 그러니까 인선이엔티 같은 주식이 움직인다.

다만 이것의 유통 기한은 태풍이 오는 그 짧은 몇 시간 혹은 홍수가 나는 하루 이틀이다. 만약에 태풍이 생각했던 경로를 이탈하거나 예상보다 피해가 크지 않을 경우, 그 주식들은 폭락할 수 있다. 유통기한은 태풍 오기 전까지다. 일단 태풍이 오면, 그 정보는 다시 태풍이 북상하기까지 기다려야 효과를 발휘할 것이다.

반대로 포트폴리오 포지션으로 손해보험 주식을 가지고 있다고 하면, 대규모 재난 상황에서 피해 여부를 따져봐야 한다. 손해 보험 약관에 재난에는 보상하지 않는다는 내용이 포함된 것이 많다. 차량 침수는 재난 상황이므로 손해 보험사가 안 물어줘도 되는지 하는 것들을 파악해야 한다. 물어줄 것도 아닌데 그냥 주가가 빠졌다면 그 시점에 매수해도 된다. 그럼 저점에 사고 주가는 원상복귀되는 경우가 많다.

너무 부지런히 돌아다니면서 너무 많은 뉴스와 정보를 모아서 볼 필요는 없다. 장기적으로 이득이 되는 정보를 뽑아보라고 한다면, 단연코 실적에 도움이 되는지 여부와 향후 성장에 관한 정보가 될 것이다. 이런 것들은 하루 이틀 주가 변동이 있다고 해도 큰 틀에서는 더 큰 시세를 만들 가능성이 크기 때문에 넉넉한 마음으로 지속적으로 추적 관찰해나가면 좋다.

오래 가는 뉴스와 단기적으로 트레이딩에 이용할 뉴스는 꼭 구분해서 듣기를 바란다. 그리고 뉴스에 관한 수혜주까지 완벽하게 연결하는 가치사슬value chain에 대해서는 구구단처럼 외우고 다닐 필요가 있다. 또 보다 높은 수준에 이르려면, A라는 형식의 정보가 주가에는 어느 정도의 영향력을 갖는지 수치로 계량화해서 공부하자. 향후 주가를 예상하거나 목표가를 추정할 때 상당한 도움이 된다.

CHAPTER 7

투자자의 잃어버린 인지능력,
객관성을 찾아서

트레이딩 타이밍 매핑

투자자들을 만나다 보면 느끼는 점은, 사람들이 의외로 스스로 생각하려 하지도 않고 투자하고자 하는 분야에 대해 관찰하거나 검증하려 하지도 않는다는 것이다. 본인의 손가락이 하는 일을 본인도 모르게 하는 경우가 많다. 그래서 나는 늘 3인칭 관찰자 시점에서 스스로의 투자를 관찰하는 연습을 해야 한다고 주장해왔다.

투자 행위는 일종의 사회활동이다. 혼자 고독하게 결정하고 매수, 매도하는 것 같지만 수많은 보이지 않는 미디어와 정보 그리고 주변과의 상호 작용을 통해 의사결정을 한다. 하루라도 빨리 이것을 인지하는 투자자가 조금이라도 객관성을 갖고 자신의 투자를 객관적으로 해나갈 수 있다.

증권사에서는 내 매매가 어디에서 발생했는지 볼 수 있는 서비스

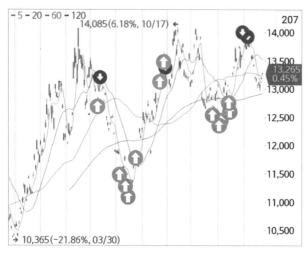

14,085(6.18%, 10/17) ◄
207
14,000
13,500
13,265
0.45%
13,000
12,500
12,000
11,500
11,000
10,500
→ 10,365(-21.86%, 03/30)

자료: 유진투자증권

를 제공한다.

위 차트는 실제 나의 고객이 매매를 한 후에 보내준 자료다. 주황색 위 방향 화살표는 매수를, 아래 방향 화살표는 매도를 나타낸다. 객관적으로 봐서 이 정도면 상당히 수준 있는 매매 스타일이다. 이 투자자의 매매 패턴은 스윙 추세 매매라고 볼 수 있다. 그리고 상당히 조심스럽게 분할해서 매수를 진행하는 반면, 매도에 있어서는 과감하게 처분하는 모습을 보이고 있다.

앞서 설명했듯이 점, 선, 면의 거래에서 이 투자자는 면을 보고 하는 투자에 해당하는 거래를 하고 있다고 볼 수 있다. 이동평균에 걸어두고 매매하고 있는가? 전혀 아니다. 차트가 거꾸로 뒤집어져서 이동평균이 우하향 하는데, 매수를 분할해서 넣고 있다. 그리고 차트가

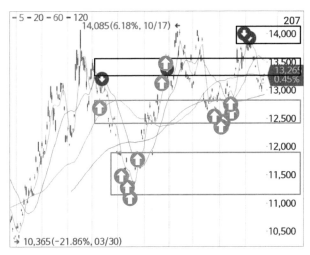

자료: 유진투자증권

세워져 있고 갭으로 뜨고 있는 상황이나 매우 시장 상황이 좋다고 지수가 올라가는 날에도 주식을 던져버리고 있다.

또한 일정한 가격대에서는 매수로만 대응하고 있다. 이것은 가격대에 대한 콘셉트가 있다는 얘기다. 중간에 차트가 올라갈 때 추가로 매수하지 않는다.

그리고 매도 가격이 매수 가격에서 일정한 거리에 있다고 볼 수 있다. 평균 단가 대비 약 10~15%가 되면 매도한 것으로 보인다. 철저하게 미리 계획된 대로 매매를 붙이고 있다. 중간 시세의 흐름에 대해 느긋하게 버티면서 지켜보고 있고, 잔 동작을 하거나 이익 극대화를 해보겠다고 사고팔고 하면서 비용을 증가시키지도 않는다. 손볼 곳이 없는 훌륭한 매매라고 볼 수 있다.

이렇게 본인의 실제 매매를 찍어봐야 한다. 투자자들 중에는 간혹 모의 트레이딩을 해보고 실전에 들어간다고 이야기하는 경우가 있다. 이는 솔직히 말해서 의미 없다고 본다. 그 이유는 모의 트레이닝에는 '심리'가 빠지기 때문이다. 돈 1,000만 원이라도 넣고 실전 매매를 해보면서 사람의 심리가 어떻게 작용하는지, 뉴스에 내가 어떻게 반응하고, 매수, 매도를 할 때는 어떤 방식으로 하는지 느껴봐야 하는데 모의 거래로는 그것을 느낄 수 없다.

매매 종목 차트를 띄워놓고 내가 매수, 매도한 시점을 찍어보면 나는 지금 뭐 하고 있는지를 알 수 있다. 여기에 펜을 들고 뉴스나 종합지수의 흐름을 직접 기입해보면 내가 어떻게 시장의 자극에 반응하는지 3인칭 관찰자 시점으로 관찰이 가능하다.

뉴스나 리포트는 내가 통제할 수 없는 변수다. 그냥 나오면 나오는 것이고 틀리면 틀리는 것이다. 그런데 그것에 대한 내 반응은 스스로 컨트롤할 수 있다. 남들 욕할 게 없다. 팩트를 알았다면 나의 대응 방식만 결정하면 된다. 그러기 위해서는 그런 흐름들을 역으로 이용할 수 있어야 한다. 뉴스에 나오면 팔아버리고, 악재들이 산적해 있을 때 사부작사부작 매수하면 된다.

"유튜브에서 떠들어대고 뉴스에 나오면 꼭 떨어지더라", "전문가가 추천하면 꼭 떨어지더라"라는 말을 많이 한다. 그 전문가는 일주일에 한 번 나와서 방송을 해야 하니까 그런 추천을 할 수도 있다. 혹은 그 전문가가 먼저 그 종목을 샀을 수도 있다. 그러면 전문가는 방송을 하기 위해 종목을 추천하면 안 되는 것일까? 아니다. 정작 자신은 그 종목을 사거나 팔아놓고 방송에서 반대로 말한다면, 그 전문가는 믿을 만한가? 그것도 아니다.

이런 것들은 듣는 사람이 걸러서 듣고 이해해야만 한다. 우리는 세상과 우리 스스로를 객관적으로 보지 못하고 있다는 것도 이해해야 한다.

어떻게 해서 될 것 같은 것과 실제로 되는 것은 많이 다르다. 뉴스나 방송만 보고 투자하는 사람들은 거의 고점에서 잡을 확률이 높다. 그런데 본인이 그렇게 하는지 인식하지 못한다. 그렇기 때문에 3인칭 관찰자 시점으로 스스로에 대한 정확한 관찰과 분석부터 하고, 그 다음에 고칠 게 있으면 고치는 것이 좋다.

심리를 지배하지 못하는 사람은 그 어떤 정보나 분석자료 혹은 투자 전략이 나온다 해도 끝까지 밀고 나갈 수가 없다. 장기투자나 기술적 분석, 혹은 정보 매매를 바탕으로 트레이딩을 하는 과정에서 심리는, 형태는 다르지만, 분명히 큰 성공과 실패를 결정하는 매우 결정적인 변수임을 인지해야만 한다.

실질적인 고점, 구글 트렌드로 확인하기

구글 트렌드에 가서 내 종목이나 그 기사에 대해 한번 검색해보길 바란다. 주가가 올라갈 때면 구글 트렌드에서 검색되는 종목도 많을 것이다. 노출되는 종목은 더욱 각광받겠지만 그럼 고점을 찍고 하락할 가능성이 높다. 그러므로 구글 트렌드에 너무 많이 검색어로 내 주식이 오를 때는 주식을 사지 않는 게 좋다.

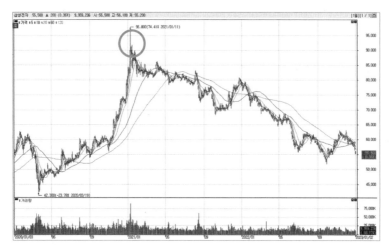

자료: 유진투자증권

위 차트는 삼성전자의 2년 일봉 차트를 나타낸 것이다. 추세적으로 보면, 급등 이후 지속적인 하락세를 보였다. 거의 11개월 동안 하락을 지속하고 있다.

오른쪽 차트는 삼성전자를 구글에서 검색한 트래픽을 나타낸다. 빨간색 동그라미가 1월 첫 주 고점을 나타내고 있다. 주가의 고점과 정확히 일치한다. 같은 기간 네이버에서 삼성전자에 관한 기사 혹은 비메모리 반도체에 관한 기사를 검색해보면, 그 양이 실로 엄청난 것을 알 수 있다.

대중이라는 것은 투자에 있어 친구이기도 하고 적이기도 하다. 이 책의 후반부에서 다루겠지만, 주도주를 매매할 때는 대중을 자기 편으로 만들어야 한다. 대중이 몇 번 출구로 나올지 선점하는 능력은

◆······ **삼성전자 검색 트래픽**

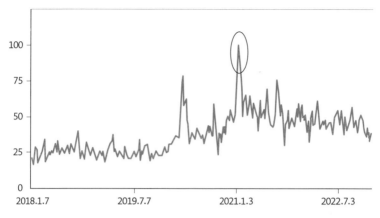

자료: Google 트렌드

매우 중요하다. 그러나 반대로 리스크 국면에서는 대중이 너무 과열되었다고 느껴질 때는 그들과 등을 질 필요도 있다.

뒤안길에 꽃길이 있다는 것을 잊지 않았으면 한다. 너무 시장의 흐름에 소외되는 투자를 해도 많은 기회비용이 발생하겠지만, 너무 시장의 분위기에 함몰되면 자칫하다 큰 손실을 보게 될 수 있다. 파티가 늦은 밤까지 지속될수록 숙취도 길어지는 법이다. 파티가 곧 끝날 종목들을 거래할 때는 언제든 나갈 수 있도록 문의 위치를 파악해두면 좋을 것이다.

우리는 주식 시장에서 많은 실수와 오류를 범하면서 투자를 한다. 그런데 그것들 중에서 아주 간단한 방법으로 수정하거나 확인하고 조심할 수 있다는 것을 꼭 알아야 한다.

사실 주식 시장과 실물 시장은 서로 영향을 주고받으면서
끊임없는 균형을 찾아간다.

PART 2

지표에 근거한
투자 전략

TIMING TO
BUY,
SELL,
MAKE A FORTUNE

리딩과 래깅 그리고
디버전스

주식 시장과 실물 시장을 연결하는 열쇠:
리딩과 래깅

• • •

이제부터 주식 시장에서 주식 투자자의 타이밍에 대한 거시적인 지표 해석과 그것을 이용한 구체적 전략에 대해 설명하고자 한다. 매크로를 보지 않고 투자하는 것이 가능한 구간이 있을 수 있지만, 주식 시장에 쏟아지는 지표들은 실물 경제를 나타내는 것부터 시작하여, 금융 시장 그리고 주식 시장에 이르기까지 50여 가지가 된다. 보통은 엑셀, 브레이크, 백미러와 간단한 자동변속기 조작만 할 줄 알면 운전하는 데는 문제가 없지만, 자동차의 계기판 속에 의미 없이 만들어진 기능이 없듯, 지표가 깜박일 때 그 지표가 무엇을 가리키는지 미리 알고 있으면 귀찮음의 크기에 비해 상당히 유용한 일임에 틀림없다.

주로 증시에 던져지는 지표들은 크게 실물 지표와 금융 지표로 나눌 수 있다. GDP(국내총생산), 실업률, 소매 판매, 소비자 신뢰, ISM제조업 지표, LEI(경기선행지표)와 같은 것들을 한번씩은 들어봤을 것이다. 이런 것들은 실물 경제의 흐름을 체크하기 위해 고안된 지표들이다. 그리고 PER(주가수익비율), PSR(주가매출비율), Yield gap(수익률 차이), Yield curve(수익률곡선), M2(유동성), Margin debt(신용 잔고) 등도 주식 투자를 하다 보면, 꼭 한번씩 보게 되어 있다. 이런 것들을 금융 시장 지표라고 한다. 주로 채권과 주식 시장의 상태를 측정하고 판단하는 데 사용하는 지표들이다.

문제는 우리가 이 지표들을 볼 줄도 모르고 해석은커녕 이해하는 것조차 어려워하기 때문에, 정작 그것이 제공하는 인사이트는 제대로 파악하지 못한다는 데 있다. 스마트폰의 수백 가지 기능들 중에서 막상 쓰는 것은 겨우 몇 가지밖에 안 되듯 경제 지표도 마찬가지다. 복잡하고 힘든 것에 비해, 당장 내일 투자하는 데 크게 도움이 되지 않기 때문에 많은 투자자에게 외면을 받는다. 그러나 성공적인 투자를 위해서는 경제 지표를 꼭 알아둬야 한다. 특히 리스크에 관한 지표는 어렵더라도 몇 가지 정도는 알아두면 평생 주식 투자를 하는 데 매우 유익한 노고가 될 것이다.

주식 투자와 실물 경제는 자동차의 양쪽 바퀴와 같다. 두 바퀴의 균형이 맞지 않거나 타이어 공기압이 다를 경우 아주 위험해진다. 천천히 달릴 때는 딱히 큰 문제가 발생하지 않지만 고속주행을 하거나 무거운 짐을 싣고 움직일 때는 자동차의 안전한 주행을 장담할 수 없는 것처럼 말이다.

주식 시장과 실물 시장은 딱히 관련이 없어 보일 때가 많다. 타임스팬(시간의 길이)에서 차이가 있기 때문에 잠깐 동안은 별로 관련 없이 움직이는 것처럼 보이기 때문이다. 그렇지만 사실 주식 시장과 실물 시장은 서로 영향을 주고받으면서 끊임없는 균형을 찾아간다. 우리가 그 괴리를 찾아 해결하려면, 그 시간의 길이에 대해 이해해야만 한다. 이것이 바로 매크로 경제 지표와 주식 시장을 연결해주는 다리를 완성할 수 있는 키스톤이다.

우리가 주식 투자를 20년에서 30년 한다고 하면, 그 기간에 매년 4번씩 발표되는 GDP와 한 달에 2번씩 발표되는 CPI와 PCE라는 물가 지표를 보게 될 것이고, 매월 초에는 ISM 제조업지표를 확인하게 될 것이며, 매주 발표되는 주간실업수당 청구 건수와 1개월에 한 번 발표되는 실업률 및 ADP 비 농업부문 고용지표 등을 만나게 될 것이다. 지수가 오르고 내리면서 지수가 상대적으로 싸다, 비싸다는 전문가의 얘기는 거의 매일 변하는 것을 보게 될 것이고, PE가 얼마이고 EPS 추정치가 얼마라는 애널리스트들의 보고서는 매월, 매분기 발표될 것이다. 같은 지수 대역이라고 해도, Fed의 기준금리와 10년물 국채 수익률에 따라 어떨 때는 비싸고 어떨 때는 싸다고 평가되기도 할 것이다.

더 힘든 것은 경기가 좋아지거나 나빠질 때, 혹은 Fed가 그것을 조절하려고 정책 의지를 드러낼 때마다 우리는 시장이 올라갈지 내려갈지를 판단해서 투자해야 한다는 점이다. 그 해답을 거꾸로 갖고 있거나 전혀 개념을 잡지 못할 경우 큰 낭패를 보게 된다. 왜냐하면 우리가 투자하는 주식 시장은 Fed의 정책이 만들어내는 신용^{credit}에 의해 조절되는 시장이기 때문이다. 쉽게 얘기해서 주식 시장에 들어오는 돈은 결국 다 빚이라는 얘기다. 그 빚의 값, 즉 이자가 싸면 더 많이 들어오고 비싸면 덜 들어온다. 그래서 시장이 오르기도 하고 내리기도 하는 것이다.

예를 들어 Fed가 금리 인상을 예고했다고 해보자. 그런데 이상하게 주식 시장이 오른다. 금리를 올리면 주식의 할인율이 높아져 주가가 내려가야 정상인데, 왜 오를까? 반대로 어떨 때는 오매불망 기다리던 Fed의 기준금리 인하가 발표되었는데 주식 시장이 내려갈 수도 있다. 금리를 인하하고 유동성이 풍부해지면 기업 실적이 좋아지고 유동성이 남아도니까 주식 시장으로 돈이 올 텐데 왜 지수가 내려가는 것일까?

이 현상을 이해하는 데 중요한 포인트는 그 신용이 금융 시장에서 '투자'라는 이름으로 신분세탁을 마치고 실물 시장으로 들어가서 활동하는 데 6~18개월 정도의 시차를 보이게 된다는 것이다. 그러니까 어떤 정책이나 지표가 나왔을 때 그 내부에 존재하는 인사이트와 해석은 장기적인 약도와 같은 기능을 하지만, 보통은 낯설고 이상해 보이기 때문에 한쪽에 처박아두고 나중에 찾아보기 십상이다.

금융 시장 지표들은 리딩leading(선행)이고 실물 시장 지표들은 래깅lagging(후행)이므로 그 사이의 기간이 바로 이 신분세탁 기간이다. 이것에 대한 이해가 있다면 조만간 들이닥칠 위험이나 엄청난 상승 추세 같은 것들까지 어느 정도는 감을 잡고 대비할 수가 있게 된다.

막연하지 않았나? 정보는 없고, 결국 "차트에는 모든 것이 반영되어 있다, 세력들은 미리 다 알고 움직이게 되고, 차트는 그 그림자다"라는 말을 따라서 이동평균이나 보조 지표 등을 보고 공부하고 노력했는데, 딱히 결론이 내려지거나 하지 않고 오히려 더 우유부단해지는 느낌이 들 때가 있지 않은가?

'경제와 주식 시장은 다르다'부터 시작해서 경제 계기판을 무시하는 많은 레토릭이 존재한다. 또 제대로 그 의미를 알지도 못하고 뇌

피셜을 치사량만큼 넣어 아전인수 격으로 지표를 해석하는 경우를 보게 된다. 그렇게 투자를 하다가는 낭패를 볼 수밖에 없다. 적어도 그 지표가 어떤 의미이고, 그것이 긴 투자 흐름을 어떻게 만들어가는지 정도는 확실히 해두면 투자에 큰 도움이 될 것이다.

2021년 Fed가 정책을 변경할 때 사람들은 잘못된 예상을 했다.

> "Fed는 금리는 올리지 않을 것이고, 공급망 문제로 인한 인플레이션은 조만간 낮은 수준으로 잡힐 것이며, 우크라이나 전쟁으로 촉발된 유가는 내려가게 되면 CPI는 더 이상 오르지 않을 것이고, 다시 유동성이 풀리게 되면서 성장주가 다시 급등하게 될 것이다."

이게 2021년 9월 시장에 팽배했던 내러티브의 핵심 줄거리다. 단 한군데도 쓸모 있는 말이 없었다. Fed는 실업률 지표를 보면서 의사 결정을 내리는데, 누구 하나 고용시장에 대해서 얘기한 사람이 없었다.

> "고용 시장 호조에 따른 부동산 가격 상승과 M2 증가로 인한 수요가 겹쳐 인플레이션은 잡히지 않을 것이고 결국 Fed는 필립스 곡선 내에서의 실기로 인해 가장 급하고 강한 긴축을 시작할 것이다."

◆······ **Fed 금리 인상 예상도**

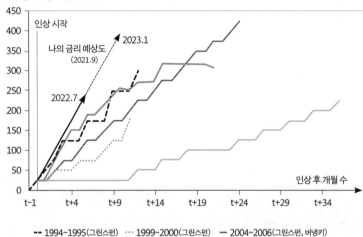

[단위: bp(basis point, 1/100%)]

-- 1994~1995(그린스펀)   ··· 1999~2000(그린스펀)   — 2004~2006(그린스펀, 버냉키)
— 2015~2018(옐런, 파월)   — 2022~2023(파월)

자료: Bloomberg, Vanda

이것이 내가 시장에 던졌던 핵심 메시지였다.

위 차트와 같이 예상을 했던 것은 오른쪽의 그림 때문이었다.

Fed는 고용시장을 보고 정책 결정을 하는데, 2021년 9월까지 예상했던 회복 루트는 2007년이나 2001년 수준의 회복을 예상하고 있었다. 그런데 3개월 래깅을 하는 실업률의 회복 속도로 추정해봤을 때, 2021년 12월쯤에는 고용시장이 원상 복구될 가능성이 매우

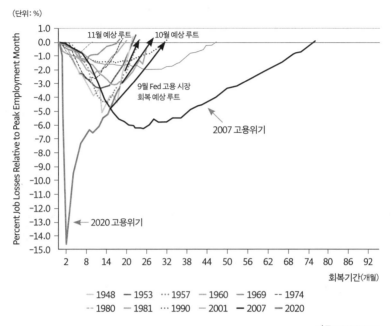

◆······ **역대 리세션 기간 실업률 회복 속도 및 예상**

(단위: %)

자료: ISABELNET

높았다.

　그래서 나는 여러 방송에서 "제롬 파월은 조만간 커밍아웃할 것
이다. 결국 M2가 많이 풀려 인플레이션이 나오는 것이지 공급망
문제가 아니다. 그래서 긴축을 당길 것이다"라고 말했고, 정확하게
2022년 3월부터 긴축에 들어갈 것이라고 브리핑을 통해 발표했다.

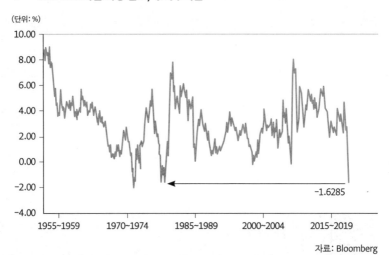

(단위: %)

자료: Bloomberg

그 당시 미국 S&P 시장의 밸류에이션을 보면 위와 같다.

이 지표는 금융 시장 지표다. 어닝 일드^{Earnings Yield}라는 것은 PER 의 역수에서 국채 금리를 빼준 것이다. 예를 들어 PER이 10이면, 1/10 = 10%가 되고, 그때 국채 수익률이 5%라고 하면, 어닝 일드는 5%가 된다. 그런데 리얼^{real}이 붙으면 물가가 반영된다. 이때 물가가 7% 정도였다고 하면, 리얼 어닝 일드^{Real Earnings yield}는 −2%가 되는 것이다. 저 당시 리얼 어닝 일드는 100년 만에 최악이었다. 다른 말 로 주식 시장이 엄청 비쌌다는 것이다.

결국 지금 이런 말을 하면 "네가 정말 이걸 알았다고?" 하고 되물을 것이다. 확실하게 말할 수 있다. 정확하게 언제 어떻게 오를지까지 얘기하는 것은 이미 유튜브 영상에 나와 있으니 확인해주면 좋겠다. 여기서 말하고 싶은 것은 내가 지난 것을 잘 맞췄다는 게 아니라, 경제 지표는 맞지도 않는데 그냥 재미로 만드는 게 아니라는 것이다.

긴 기간을 두고 지켜보면, 결국 1년도 안 되는 기간에 미스 매치되었던 실물 경제와 금융 시장은 아귀가 맞게 조정되고 있다. 나스닥은 30%가 넘게 하락했고, Fed는 인플레이션을 잡기 위해 전례 없는 금리 인상으로 1년 만에 4%의 금리를 당겨 올려버렸다. "Buy the dip(저점에서 사라)!"을 외치며 물을 태웠던 투자자들은 큰 손해를 봤고, 현금이나 인버스 같은 투자 수단으로 갈아탄 투자자들은 위험을 모면할 수 있었다.

리딩 지표와 래깅 지표에 대한 이해 그리고 정책에 대한 정보를 가볍게 다뤄봤다. 이 모든 정보는 공개적으로 발표되는 것들을 통해 판단할 수 있다.

이런 지표들을 잘 정리해두고 평생 경제와 주식 시장을 해석하는 도구로 사용하면 좋을 것이다. 고물 온도계 하나가 요리를 할 때나 애기가 열이 날 때 해열제 양을 결정하는 데 아주 중요한 역할을 할 수도 있다.

깊은 인사이트, 강렬한 의사 결정 지표:
디버전스

• • •

주식 투자자들이 강세장을 좋아하는 이유를 아는가? 모든 지표가 똑같이 한 방향을 가리키고, 다른 고민 없이 시장에 참여하는 것만으로도 수익을 낼 수 있기 때문이다. 이럴 때는 참여한 사람들 모두가 행복한 결과를 얻을 수 있다. 그런데 주식 시장이 늘 그런 것만은 아니다. 누군가와 의견이 달라지고, 현재와 미래에 대한 의견이 달라질 때가 있다. 또 실물과 금융 시장의 지표가 서로 다른 방향을 가리킬 때가 있다.

우리는 이것을 디버전스^{divergence}(이격)라고 부른다. 그런데 이런 이격들은 언젠가는 해소가 되게 마련이다. 어느 쪽으로 붙어서 해소되는가에 따라 투자 판단에 매우 유리한 지표가 된다. 쉽게 얘기해서, 계기판들이 서로 다른 신호를 주고 있는 것이다.

이럴 때는 위에서 설명한 리딩과 래깅을 이용하여 그 디버전스가 어떻게 해소될 것인가에 대해 고민해보면 좋다. 디버전스는 향유고래의 배설물 같은 것이다. 자주 발견되지는 않지만 잘만 이용하면 부자가 될 수 있는 아주 귀한 것이다. 아래의 금융시장 거래 지표 중에서 위험지표인 VIX와 MOVE의 디버전스에 대해 생각해보자.

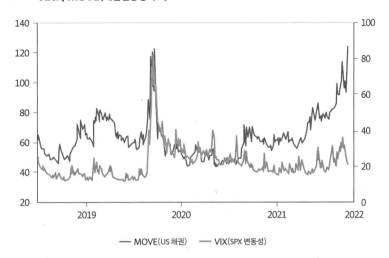

자료: Refinitiv Datastream, Acorn MC Ltd

VIX는 주식 시장의 변동성을 나타내는 것이고, MOVE는 채권 시
장의 변동성을 나타내는 지표다. 그런데 2022년 초 채권 시장은 상
당히 큰 변동성 지수 상승을 보이고 있다. 즉 채권 시장은 이미 위험
을 감지하고, 그 위험을 헤지hedge하기 위해 많은 비용을 지불하고
있었던 것이다. 그런데 주식 시장은 아주 평온하다.

결과적으로 주식 시장은 2022년 내내 흘러내렸다. 성격이 비슷한
두 개의 지표가 서로 다른 신호를 냈다. 이때 주식 시장에서 인버스

포지션을 취하거나 주식을 매도만 했더라면 큰 손해 없이 시장 하락을 견딜 수 있었을 것이다.

채권시장의 MOVE 지표는 적어도 Fed의 정책에 관해서는 주식 시장보다 선행하기 때문이다. 이렇게 선행과 후행 지표 그리고 그 가운데서의 디버전스가 나올 경우, 아주 아름다운 투자 기회가 되기도 하고 전재산을 날릴 수 있는 매우 큰 위험에서 멀어져 안전하게 투자할 수 있게 되기도 한다. 이제부터 이런 지표들을 몇 가지 알아보고, 시장에서 해석하는 방법에 대해 얘기해보겠다.

주식 시장의 여러 지표들이 한 방향을 가리킬 때, 투자자들의 고민은 "과연 이 상황이 언제까지 지속될까?" 하는 것이다.

그런데 만약 각각의 지표들이 서로 다른 방향을 가리킨다고 하면, 이것은 매우 위험한 상황이 되기도 하고, 반대로 매우 좋은 기회가 곧 올 수 있다는 말이 되기도 한다.

이 지표들을 해석할 때 가장 필요한 것은 그것들을 2차원 평면에서 꺼내어 3차원으로 옮기는 것이다. 바로 '시간'이라는 것을 집어넣는 것이다. 선행, 동행, 후행 그리고 각 지표가 나타내는 경제나 금융 시장의 상황은 '시간'을 통해서 서로 맞물려 돌아가게 되어 있다.

그렇기 때문에 지금 보이는 지표는 활황인데 금융 시장은 약세장을 반영하기도 하고, 정반대의 상황이 되기도 한다.

투자에서 가장 중요한 두 가지를 꼽으라면, 첫 번째는 심리이고, 두 번째는 바로 시간일 것이다.

이 시간을 버티고 이기는 것에만 초점을 맞추지 말고 이해하는 것부터 한다면, 버티고 이겨내고 그것을 내 편으로 만드는 데 큰 도움이 될 것이다.

CHAPTER 1

증권쟁이가 사랑하는
금융 시장 지표

유동성 지표: M2, 크레디트 임펄스^{Credit im-pulse}

여의도가 사랑하는 금융 지표를 하나 뽑으라고 한다면, 단연 이 M2라고 말할 것이다. M2는 통화량을 측정하는 지표 중에 하나인데, 증시는 이 유동성에 매우 진지하다. 유동성이 대규모로 공급되면, 조만간 주식 시장은 큰 추세를 돌려 상승세로 돌아설 것을 의미한다.

그래서 사람들은 Fed가 금리를 인하하고 유동성을 공급해주기만 오매불망 기다리는 것이다. 엄밀하게 말해서 M2 자체가 중요하다기보다 GDP 증가율 대비 M2의 초과 증가율이 증시와 관련이 있다고 볼 수 있다.

다음 페이지 그래프를 보면, 회색 선인 S&P 500 지수가 2000년대 하반기에 뚝 떨어진 것을 볼 수 있다. 주황색은 M2를 시가총액으로 나눠준 그림이다. 주황색이 급등하고 나서 한참 후에 S&P 지수는

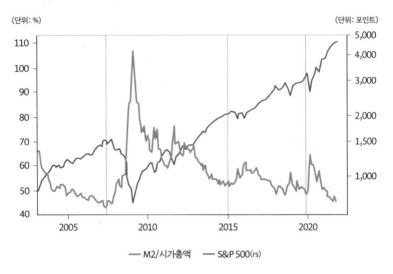

◆⋯⋯ **시가총액 대비 M2, S&P 500**

(단위: %)   (단위: 포인트)

— M2/시가총액   — S&P 500(rs)

*MSCI Large, Mid & Small Cap index
자료: Alpine Macro, 2021

신고가를 갱신하면서 상승하는 모습을 보여주고 있다.

우측 상단의 미국 M2 증가율 그래프를 보면 Fed는 M2를 쥐락펴락하면서 조절하고 있다는 것을 볼 수 있다. 여지 없이 주가가 상승하는 구간에서는 통화량이 증가함을 볼 수 있다.

우측 하단의 그래프는 M2 증가율 대비 GDP 증가율을 나타낸 것이다. 명목nominal GDP로 측정한 국가 경제 대비 M2가 얼마나 더 풀렸는가를 나타낸다. 초과 유동성은 회색 선으로 나타냈다. 회색 선은 M2와 GDP의 증가율 차이의 흐름에 따라 S&P 지수가 후행으로 따라온다. 이 그래프들은 딱히 선·후행성을 알아보기 어렵지만 수학적으로 미분을 하고 증가율의 차이를 계산해보면, 통화량 증가율에서

◆······ **미국 M2 증가율**

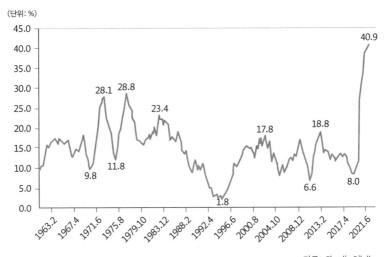

(단위: %)

자료: Charlie Bilello

◆······ **S&P 500과, M2 증가율과 GDP 증가율의 차이**

(단위: 전년대비 %)   (단위: %)

'과유동성 축소'는 향후
'주식 시장의 기대수익률'
하락을 의미한다.

── S&P 500(ls)   ── M2 증가율 – GDP 증가율

자료: Alpine Macro, 2021

GDP 증가율을 빼준 그래프가 지수 S&P를 선행하여 움직인다는 것을 알 수 있다.

S&P 500을 나타내는 주황색 그래프는 0점보다 아래의 낮은 상태로 들어가는 경우가 있다. 그럴 때는 증시가 하락하는 것을 말하고, 그런 사태가 나오기 전 통화공급량인 M2의 초과공급이 먼저 급속도로 줄어드는 것을 볼 수 있다. 긴축이 되는 것이다. 이는 GDP 증가율보다 통화량을 확 줄어드는 것을 말한다. 여기서 주의할 점은 통화 증가율이 마이너스가 아니라, GDP 성장률보다 낮은 수준으로 돈이 공급된다는 것이다. 즉 GDP가 5% 증가했는데 M2가 3%만 증가해버리면 회색 선이 마이너스로 전환되고, 결국 추후에 S&P가 따라 내려가면서 시장이 하락한다는 것을 의미한다. 추가 유동성을 주느냐 뺏느냐는 단순한 M2 증가율보다 중요한 선행지표가 된다.

GDP는 계속 성장해왔다. 그런데 GDP가 성장하면 주식 시장에 돈이 몰린다고 말한다. 실물 경제가 좋아지니 주식 시장이 좋아지는 것은 당연한 이치다. 그런데 실제로 더 중요한 건 따로 있다. GDP 대비 통화 증가율이 GDP 증가율보다 얼마나 더 많이 증가하느냐에 따라서 시장 상승 폭은 결정된다는 것이다. 그러니까 핵심은 실물 경제가 좋든 나쁘든 유동성의 영향이 가장 큰 것이다. 그래서 이런 지표들을 알고 있으면 좋다. 늘 Fed가 발표하는 M2에 대해 추이를 살펴나간다면, 결정적인 시점에서 투자 실패를 하는 일은 없을 것이다.

유동성을 체크하는 다른 지표로는 크레디트 임펄스가 있다. 크레디트 임펄스는 국채, 환율, 주식 시장 PER 및 신용 시장 스프레드를 결합하여 만든 지표로 GDP 대비 % 비율로 측정된다.

◆······ **G3 크레디트 임펄스**

(단위: %)

— MSCI 전 세계 지수　— 크레디트 임펄스(6개월 선행)

자료: Oxford Economics/Macrobond

위 그래프에서 회색 선은 G3(미국, 유럽, 중국)의 크레디트 임펄스를 나타낸다. 왼쪽의 눈금을 따라 회색 선이 내려가면 크레디트 임펄스는 긴축에 들어간다는 것을 뜻한다. 그럼 그 뒤에 MSCI ACWI(MSCI 전세계 지수)는 따라 내려가는 것을 볼 수 있다. 즉 G3가 긴축을 하면 전 세계의 종합지수 평균이 내려간다. 더 재미있는 것은 G3 크레디트 임펄스와 한국의 무역수지를 그래프로 그려보면 아주 정확하게 일치한다는 것이다. 물론 무역수지는 후행이다.

이런 지표는 한번 움직이면, 2~3년은 최소 같은 방향으로 간다고 볼 수 있다. 그러니 변곡점에서는 매우 조심하는 게 맞고, 그 변곡은 대부분 Fed나 각국의 중앙은행에 의해서 결정된다고 보면 된다.

Fed와 싸우지 말라라는 말은 바로 이런 지표들을 통해 증명되는 것이다. 실제로 크레디트 임펄스는 시장보다 6개월 먼저 움직여주기 때문에, 단기적으로는 '이 지표가 무슨 소용이 있나?'라고 생각할 수 있다. 그러나 향후 시장 전망에 대해 대비할 기회를 주는 지표로 투자자들이 잘 기억해둔다면 아주 유용하다.

밸류에이션 지표: PE, CAPE, 버핏 지수

주식 투자가 도박과 다른 점은 무엇일까? 모르는 변수에 대해 확률적으로 접근하는 부분에서는 비슷한 부분이 있겠지만, 어느 정도 기준이 있다는 점에서 차이가 있다고 할 수 있다. 가격에 대해서는 어느 정도 일정한 체계적인 시스템하에서 시장 참여자들이 접하게 된다. 도박보다는 훨씬 안전하다.

이번에는 증권가에서 자주 사용하는 밸류에이션 지표인 PE, CAPE, 버핏 지수를 살펴보자. 이것은 자산이 가격적인 측면에서 어느 수준에 와 있는지 고려하는 데 도움을 준다.

어릴 때 읽은 책이 기억난다. 눈밭을 걸어갈 때 발밑만 쳐다보고 걸어가면 삐뚤빼뚤 걷게 되지만, 멀리 서 있는 나무 한 그루를 쳐다보고 걸어가면 오히려 더 반듯하게 걸어갈 수 있다는 내용이었다.

주식 시장에도 이러한 지표들이 있다. 그런 지표 중 가장 중심이 되는 지표가 바로 밸류에이션 지표들이다. 예를 들어 어떤 A라는 기업이 100억 원의 이익을 내고 있는데, 이 기업은 1천억 원에 거래되고 있다고 해보자. 그럼 이 기업은 싼가, 비싼가? 말하기 매우 어렵다. 기준이 애매하다. 그럼 여기에 경쟁 업체 B가 200억 원의 이익을 내고 있는데 4천억 원에 거래되고 있다는 정보를 첨가해보자. 그러면 이익은 100억:200억인데, 시가 총액이 1,000억:4,000억이 되는 것이니, A는 B에 비해서 싸다고 할 수 있다. 이렇게 상대적으로 단위 이익당 시가 총액을 표시한 것을 주가수익비율^PER, Price Earning ratio이라고 한다. 이것은 이익을 1단위 내는데, 얼마의 주식 가치를 부여하는가에 대한 손쉬운 표현 방법이다.

결국 코스피나 나스닥처럼, 증권 시장 전체에도 이와 같은 방식을 적용할 수가 있다. 코스피 상장사의 평균 영업이익률은 8% 수준인데 상장사 전체 매출이 2,500조 원 정도 된다고 해보자. 전체 영업이익 수준은 200조 원이다. 지수가 오르내리면서 상장사 전체의 시가 총액이 달라지게 되어 있다. 예를 들어 지수가 어떤 지점에 올라갔을 때, 시가 총액이 2,500조 원이라고 한다면 코스피의 PE^Price Earning는 12.5배 수준이 된다. 그러다 어느 순간 급락해서 전체 합산 시총이 1,800조가 되었다고 하자. 그럼 PE는 9배 수준이 된다.

우리가 연말 연초, 각 증권사에서 연간 코스피 전망 자료를 보면, 큼지막한 글씨로 지수의 하단과 상단이 집계되어 나타난다. 그때 각 증권사는 코스피의 역사적 PE를 사용하여 상·하단을 써놓는 경우가 많다.

각 증권사는 다음 해의 연간 실적^earning을 예상하고, 그 예상 실적에다가 약세장 시 주게 되는 멀티플^multiple (배수)인 9배 정도를 지수 하단으로, 강세장 수준일 때 사용되는 멀티플인 12배를 지수 상단으로 하게 되는 경우가 많다. 만약에 강세장은 안 올 것 같고, 중간에

◆······ **2023년 코스피 전망**

증권사	예상 전망치		하단	상단
하나증권		2350~2500	2350	2500
한화투자증권		2000~2600	2000	2600
이베스트투자증권		2200~2700	2200	2700
메리츠증권		2100~2600	2100	2600
IBK투자증권		2150~2650	2150	2650
신한투자증권		2000~2600	2000	2600
다올투자증권		2240~2640	2240	2640
KB증권		2610~2610	2610	2610
교보증권		2200~2650	2200	2650
신영증권		2140~2170	2140	2170
키움증권		2150~2400	2150	2400
SK증권		2100~2500	2100	2500
삼성증권		2000~2600	2000	2600
한국투자증권		2000~2500	2000	2500
NH투자증권		2200~2600	2200	2600
현대차증권		2200~2550	2200	2550

2000   2500

*미래에셋증권은 밴드 미제시
자료: 조선비즈 설문조사

10배 수준까지 올라갈 것 같다고 생각되면 지수 고점은 다음 해 실적에 10배를 곱해서 시가 총액 합산이 구해지고, 그 지수대역을 위의 표와 같이 표현하게 된다.

만약 미국이나 여타 국가에 투자를 한다고 하면 이 멀티플을 미국,

중국, 유럽, 일본 등과 비교해보자. 한국 시장이 적정한 평가를 받고 있는지에 대해 고민하면서 글로벌 자산 배분을 결정할 수가 있다.

이처럼 PE는 대략적인 시장의 상대적 위치를 평가하여 주식 가격을 측정하는 지표다. 이런 PE는 동시대에 시장별 비교를 위해서 쓰이기도 하지만, 역사적인 시계열적 분석으로도 쓰일 수 있다.

시장의 PE라고 하는 것은 늘 고정되어 있지 않다. 경제나 유동성이 상황에 따라서 움직인다. 이익은 어차피 추정이기 때문에 사후에 정확하게 알게 되지만, 과거 역사와 비교해서 지금은 어느 정도 과열 수준에 있는가에 대해서는 PE를 통해 어느 정도 감을 잡을 수 있다.

다음 그래프를 보면, 미국의 S&P 500지수의 1년 PE 평균이 2021년에 들어서면서 과거 20년 전 2000년대 닷컴 버블만큼 높이

◆······ **PE, 역사적 흐름**

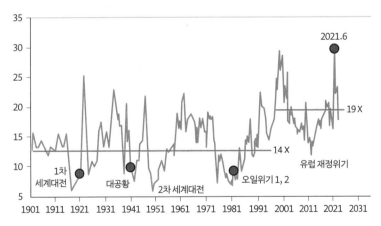

—— 후행 4Q PE(1960년까지는 GAAP, 이후는 추정) ● 채권수익률의 역사적 큰 전환점

자료: BofA Global Investment Strategy, Bloomberg, BofA US Eauity&Quant Strategy

올라갔다. 즉 같은 이익의 1단위에 대해 시장이 매기는 가격이 역대 급으로 많이 올라왔다는 것을 의미한다. 다른 말로 하면, 이익이 크 게 개선되지 않으면 더 올라갈 자리가 없다는 것을 말한다.

여기에 금리나 인플레이션을 그려 넣으면 조금 더 디테일한 PE의 그림을 그려볼 수도 있다. 아래 그래프는 금리를 함께 PE에 그려 넣은 것이다.

진한 주황색은 현재 이익 기준 12개월 선행 forward (미래 수익추정) PE를 나타낸 것이다. 그런데 회색 그래프는 2년물 국채 금리를 반영 했을 때 도달해야 하는 적절한 선행 PE를 나타낸 것이다. 즉 금리가 오를 경우, 시장의 유동성은 축소되고 주식 할인율이 증가하여 멀티 플은 감소하게 된다.

◆····· **채권수익률에 대한 PE**

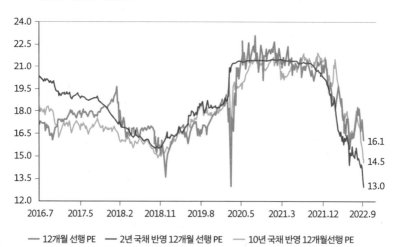

자료: FMRCo, Bloomberg, Haver Analytics, FactSet

쉽게 생각해서 은행에서 이자를 많이 주니 그냥 은행에 넣으면 되니까 굳이 주식 투자를 할 이유가 없어진 것이다. 그래서 은행으로 돈이 옮겨지면 같은 이익 1단위에 대해서 예전과 같이 비싸게 사줄 여력이 없어지는 것을 나타낸다.

여기서 PE에다가 인플레이션을 반영하고 경기 사이클을 반영하고 싶다고 하자. 그럴 때 사용하는 지표가 바로 CAPE 지표다. 이 또한 PE인데 경기조정주가수익비율Cyclically Adjusted PE의 앞 글자를 따서 CAPE로 쓴다.

아래 그래프를 보면, 2020년대부터 인플레이션이 급등하기 시작했고 그에 따라 역사상 두 번째로 높은 CAPE가 나타난다. 최근 주식시장의 조정으로 조금 하락하긴 했으나, 역사적으로 보면 상위 95%에 속하는 높은 수준이 된다.

◆······ **S&P 500 CAPE**

자료: FMRCo, Bloomberg, Haver Analytics, FactSet

마지막으로 주식 시장의 상대적 가격을 GDP를 기준으로 큰 틀에서 직관적으로 보여주는 지표가 바로 버핏 지수다. 워런 버핏이 쓰는 바로 그 지표다. 이것은 GDP 대비 지수의 시가 총액이 얼마나 되는가를 표현해주는 것이다. 금융 시장, 즉 주식 시장의 시가 총액이 GDP 대비 어느 정도인가를 나타낸 것이 버핏 지수다.

2019년 이후 버핏 지수를 살펴보자. GDP 대비 시가 총액은 200% 이상의 흐름이 나타났다. 이것은 닷컴 버블 때보다 더 높은 수준이다. 사실 버핏 지수는 자본화가 강화될수록 올라가는 경향이 있기는 한데, 그런 부분을 고려하더라도 역사적 관점에서 주식 시장의 과열과 침체의 정도를 나타내줘, 지금 현재 시장의 위치가 어디 즈음인가를 직관적으로 표현해준다. 길게 보면 우리가 극한값, 너무 폭락했거

◆······ **버핏 지수**

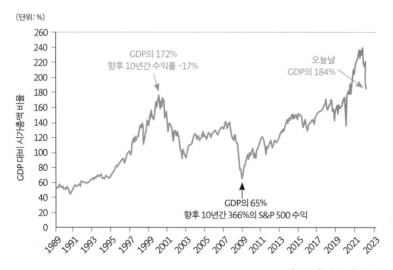

자료: Kailash Capital, LLC

나 너무 올랐을 때 포트폴리오의 포지션을 바꿀 수 있는 좋은 참조 지표로 활용할 수 있다.

기술적 과열 침체 지표: ADR, RSI, VIX

앞에서 설명한 지표들을 군이 분류하자고 하면, 기본적 분석 툴tool이 라고 할 수 있다. 추세나 방향성에 대해서 아주 긴 안목으로 '입장 정리'할 때 사용하는 것이다. 이런 지표들의 단점은 일주일이나 한달 정도의 매매 전략에도 사용할 수 없을 정도로 장기적이다. 그래서 이런 것들을 보완하는 것이 바로 기술적 지표인데, 이 기술적인 지표도 몇 가지 정도는 알아두면 좋다.

먼저 ADRAdvance Decline Ratio(등락비율)이다. 하락 종목 수 대비 상승 종목 수의 비율을 나타낸 것이다. 이 지표는 형식상 분류를 한다고 하면, 변동성 지표다. 이 지표로는 추세적으로 시장이 오를지, 내릴지는 알 수 없고, 단기적으로 지금은 시장이 위쪽이나 아래쪽 어디에 치우쳐 있는가를 확인할 수 있다. 이 지수가 125 이상이 되면 과열권이다. 여기서 대충 팔면 된다. 그런데 60~70 밑으로 쭉 떨어지는 과정을 보면 지수가 전부 바닥을 잡았다.

ADR은 일정한 수준에서 등락을 반복한다. 어차피 팔 사람들이 다 팔면 주식은 더 안 내려가고, 살 사람이 더 안 사면 더 올라가지 못한다. 그 원리를 이용하여 어느 정도 단기 상승과 하락의 단초를 잡아낼 수 있다. 긴 안목으로 시장의 방향성이 설정되면, 그 뒤에 매매를

◆⋯⋯ **2000~2003년 나스닥 지수**

자료: 유진투자증권

붙이는 것이 필요하다.

나스닥 지수를 살펴보자. 하락 추세는 지나고 나면 보인다. 그런데 중간에 지수는 적게는 20%, 많게는 40%까지도 반등하게 된다. 저 긴 하락 동안 주식을 안 할 수도 없다. 그런데 어차피 추세라는 것은 경제와 유동성의 긴축에서 그리고 밸류에이션이 만들어내는 것이고, 중간중간에 나타나는 기술적인 반등이 존재한다. 그럴 때는 변동성 지표로 바닥이나 고점을 짚어내면 편하다.

그리고 지수 말고, 내 종목이 지금 어디쯤 와 있나 보려면 RSI^{Relative Strength Index}를 보면 된다. 상대강도지표라고 하는 것인데, 매도하는 쪽의 의견이 많이 반영되면 0을 향해 내려가고, 매수하는 쪽의 의견이 많이 반영되면 100으로 올라간다. 이 지표는 30 이하로 빠지면 과매도, 70 이상으로 올라가면 과매수로 해석한다.

그런데 실제 이 지표를 이용하여 매매를 할 때는 이름에서 풍기는 냄새를 지워야 한다. '과매수'라고 하면 사지 말아야 한다는 느낌이

◆ ⋯⋯ **RSI**

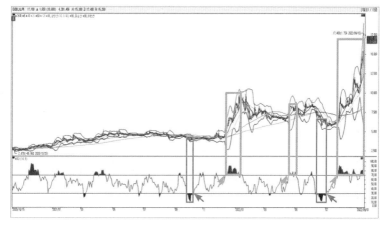

자료: 유진투자증권

들지 않나? 너무 많이 샀다는 것 아닌가? 그런데 실제로 보면 RSI 70 이상에서 종목들의 단기 급등이 나오는 경우가 아주 많다. 그리고 과 매도 상태인 RSI 30 이하에서는 싸다고 생각해서 내릴 수도 있지만, 실제로 싼 상태를 오랜 기간 유지하거나 추가로 하락하는 경우가 더 많다.

그래서 실전적인 적용을 할 때는 RSI가 30을 깨고 내려갔다가 다 시 30 이상으로 올라오는 시점, 그래프에서 진한 주황색 박스로 표 시된 시점에 매수해야 한다. 또 옅은 주황색 박스로 나타낸 RSI가 70 이상으로 올라가는 시점은 단기적으로 매기가 몰려서 시세가 붙는 구간이니, 같이 따라붙어서 트레이딩을 해야 한다.

매크로에서 유동성, 밸류에이션, 지수의 방향성을 결정하고 지수 의 변동성을 통해 단기 조정 및 과열을 읽어내면, 어쨌든 종목에 투자를 할 때 기본적인 토양은 갖춰진 것이라고 보면 된다. 그런데 막상 종목이 꼭 지수와 같이 움직이지는 않는다. 다 각자의 사연이 있기 마련이다. 그래서 종목을 거래할 때 또 다른 변동성 지표를 하나 사용하게 되면 적어도 추세 속에서 역으로 거래를 해서 손해를 보는 일은 없을 것으로 생각된다.

위험 지표: CDS, 하이일드스프레드, 수익률곡선 역전

그렇다면 여기서 우리가 위험한 시장 상황을 미리 좀 눈치 챌 수 있는 방법은 없을까라는 질문이 생긴다. 사실 매수를 어떻게 할 것인가에 대해서는 많이 배우지만, 리스크를 회피하는 방법에 대해서는 매우 비이성적인 내러티브만 존재한다. "워런 버핏도 피터 린치도 시장에 대해서는 신경 쓰지 말라고 했다. 그럴 시간에 종목에 대해서 연구하면 된다고 했다"라며 시장의 위험에 대해 신경 쓰는 것 자체를 아예, 미개인 취급한다.

그런데 그 얘기는 잘못되었다. 워런 버핏이 시장을 판단 안 한다고? 피터 린치가 그랬다고? 그렇지 않다. 시장을 맞추려고 노력하지 말라고 했다. 그게 꼭 시장 상황에 대해서 눈을 감으라는 얘기인가? 그리고 그 당시의 미국 증권 시장 분위기도 매우 중요하다. 종목 업종보다는 루머나 차트 매매가 주류일 때, 그렇게 하지 말고 제대로 종목의 재무제표나 사업 내용을 보고, 멀리 보고 투자하라는 큰 줄기를 만든 사람이 그 당시 상황을 비판적으로 보면서 얘기한 것이 오해를 낳는 것이다.

어떻게 어떤 기업의 사업 전망이나 미래 가치를 평가하는 데 경제의 방향성에 대해 고민하지 않을 수가 있겠나? 워런 버핏도 그렇게 말했다.

"앞으로 좋아질 싸고 좋은 종목이 많아지면 주식을 매수하고, 그런 주식이 안 보이면 현금을 보유한다. 그러고 나면 시장이 급락하는 경우가 있어왔다."

그는 우리가 아는 버핏 지수의 창시자다. 시장이 고평가인지 저평가인지도 모른 채 주식은 무조건 사서 갖고 가기만 하면 된다고 말한 적이 없다.

오해는 넣어두고, 우리는 시장의 위험 상황을 알려줄 만한 몇 가지 지표를 살펴보고자 한다. 시장이 위험할 때 위험 지표로 CDS$^{Credit Default Swap}$(신용부도 스와프), 하이일드스프레드^{HYspread}, 수익률곡선 역전$^{yield curve inversion}$ 정도만 봐도 괜찮을 것이다.

먼저 수익률곡선 역전 현상을 보자. 그 전에 먼저 수익률곡선부터 살펴보면서 시작하면 이해하기 쉽다.

일반적으로 수익률곡선은, 동일한 조건(액면가, 이자율)의 상황에서 만기와 채권 금리와의 관계를 그래프로 그려놓은 것을 의미한다. 똑같은 채권이라고 하더라도, 만기가 길어지면, 채권 금리가 높아진다. 그것은 불확실성을 반영하기 때문인데, 쉽게 얘기해서, 은행에 가서 1년짜리 적금이 3%면, 3년짜리는 4.5%를 주는 것과 같은 이치다. 만

◆ ······ **수익률곡선**

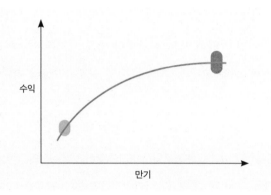

기가 길어지면 금리가 높아지는 것이다.

그런데 이게 어떤 국면에서는 역전 현상이 발생한다. 즉 단기 국채 금리가 장기 국채 금리보다 더 높아지는 것이다. 보통의 경우 Fed가 단기 기준금리를 끌어 올리면서 단기 국채는 같이 따라 올라가는 반면 장기 국채 금리의 경우 단기적인 Fed의 정책보다는 경제 상황을 반영하여 조금씩 Fed의 기준금리 인상 인하 정책의 가격 탄력성이 떨어지기 때문에 이런 일이 발생한다.

그런데 이 수익률곡선이 역전되는 현상이 나타나면, 여지없이 실물 경제에서는 리세션이나 크래시^{crash}가 나오게 되고, 주식 시장도 큰 낙폭을 보이곤 한다는 것이다.

10년과 2년물 수익률곡선 역전 현상이 나왔을 때 글로벌 증시에서 뭐가 생겼는지 역사적으로 한번 살펴보자. 1987년 저축대부조합 사태가 미국에서 터졌다. 이로 인해 멕시코 경제가 어려워졌다. 1997년, 롱텀 캐피털 매니지먼트가 파산하고 동아시아에 위기가 와

150

서 우리나라가 IMF 사태를 맞았다. 그러면서 미국의 IT 거품이 붕괴했다. 그리고 2007년도에는 서브프라임 사태가 터졌다. 비록 시차가 있기는 하지만 선행성 하나만은 확실하다.

수익률곡선 역전 현상이 나왔을 뿐인데 자금의 흐름이 어딘가 막혀버린다. 이지 머니easy money를 갖고 장사를 해서 돌려 막기 식의 자금 운용을 하다가 수익성이 없는 곳이 뻥뻥 터지는 것이다. 그게 국가이든, 회사이든, 개인이든 부채가 늘어난 상태에서 정책의 변경이 나오게 되면, 그걸 누군가는 떠안게 된다는 것이다.

세계적으로 본다면, 어떤 나라에서는 달러가 빠져나가는 상황이 온다. 왜냐하면 달러는 국제 통화이기 때문이다. 그래서 한국은행에서 금리를 인상하는 것과는 차이가 있다. 수익률곡선 역전 현상이 나오면, 이런 일이 터지기 시작한다는 것이다.

그리고 코로나 팬데믹이 터졌는데 전염병은 비정상적 이벤트이므로 여기서는 제외하도록 하자.

다음 페이지 차트에서 수익률곡선 역전 현상이 나오는 박스 부분을 잘라보자. 2018년 말부터 시작해서 2019년으로 이어진 흐름에서 2020년과 2021년의 팬데믹 구간을 잘라낸 다음 2022년과 붙여보자. 이렇게 조금 변형해 조정하면, Fed가 금리를 움직이는 것과 수익률곡선 역전의 시간적 상관 관계 흐름이 더 자연스러워진다.

수익률곡선 역전 현상이 거의 10년에 한 번씩 발생하는 신용의 팽창과 축소 사이클의 반복이라는 것이 한눈에 보인다. 즉 지금의 수익률곡선 역전 상황에서 아직 마지막 이벤트가 없지만, 그냥 단순하게 지수가 30% 정도 하락한 수준만으로는 안되고 뭔가 터질 수 있다는

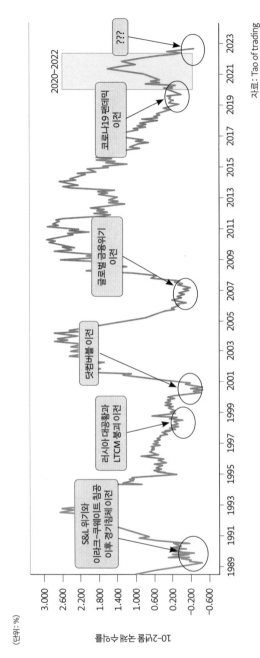

◆⋯⋯⋯ 수익률곡선 역전 현상과 크래시

(단위: %)

10-2년물 수익률

3.000
2.600
2.200
1.800
1.400
1.000
0.600
0.200
-0.200
-0.600

1989 1991 1993 1995 1997 1999 2001 2003 2005 2007 2009 2011 2013 2015 2017 2019 2021 2023

S&L 위기와
이라크-쿠웨이트 침공
이후 경기침체 이전

러시아 대공황과
LTCM 붕괴 이전

닷컴버블 이전

글로벌 금융위기
이전

코로나19 팬데믹
이전

2020~2022

???

자료: Tao of trading

얘기다. 보통 이런 경우에는 이 다음에 또 뭐가 터질지 모른다. 어디가 부러질지 모른다. 수익률곡선 역전 현상이 나왔기 때문에, 지금은 금융시장의 유동성 축소로 인한 '실물 경제 빅 이벤트들이 나올 수도 있겠구나'라고 생각하면 된다. 그리고 그 이벤트들이 다시 금융 시장을 타격하는 역류 현상이 나올 수 있다는 것이다.

다음에 설명할 것은 CDS 지표다. 이는 신용부도 스와프를 말한다. 이것은 일종의 보험이라고 보면 된다. 자동차로 보면, 26세 미만이나 사고 경력이 있으면 운전자가 부담하는 보험료가 올라간다. 마찬가지로 부도가 날 가능성이 있는 국가나 기업들의 경우 CDS 프리미엄이 급등하게 된다.

차트에서 보듯 신용부도 스와프가 상승하면 늘 위기가 터졌다. 유

◆······ **CDS**

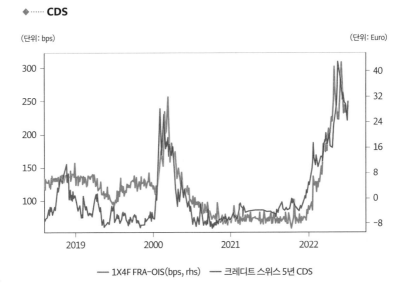

(단위: bps) (단위: Euro)

— 1X4F FRA-OIS(bps, rhs) — 크레디트 스위스 5년 CDS

자료: 유진투자증권

럽 은행에 대한 CDS 프리미엄이 팬데믹 당시보다도 더 높아졌다. 이유야 여러 가지가 있겠지만, 실질적으로는 넉넉하던 달러가 회수 되는 과정에서 유동성이 부족해졌기 때문이다.

팬데믹이 터졌을 때는 유동성이라도 풀 수 있었다. 그런데 지금은 인플레이션이 가로막고 있는 상황이라, 마음 놓고 돈을 풀어줄 수도 없는 상황인 것이다. 이런 상황이 오게 되면 팬데믹 당시보다 더 위 험하다고 볼 수 있다.

마지막으로 정크본드 수익률, 하이일드스프레드를 보자. 채권의 등급은 크게 투자적격 등급investment grade과 투기 등급high yield grade 로 나눌 수 있다. 그런데 이 채권은 국채를 기준으로 했을 때, 채권의 등급에 따라 추가 금리 수준이 결정된다. 예를 들어 IG 채권은 1%를 더 내라, HY 채권은 3%를 더 내라 하는 식이다. 그런데 Fed가 긴축

◆······ **하이일드 기업 채권스프레드**

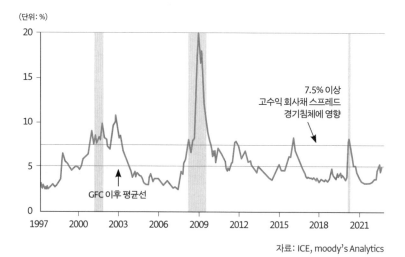

(단위: %)

자료: ICE, moody's Analytics

을 하고 유동성이 부족하게 되면, 추가 금리 수준이 더 올라간다. 그것을 '스프레드'라고 한다. 국채를 기준으로 할 수도 있고, IG를 기준으로 할 수도 있다. 이때 HY채권에 붙는 프리미엄이 급격하게 오를 경우, 리세션이나 증시 급락의 신호가 되기도 한다.

금융시장에서 리스크 관리에 대해서 미리 경고를 해주는 이런 지표들은 조금만 신경 써서 찾아보면, 운전할 때 교통 표지판을 읽는 정도의 노력으로 개인들의 투자를 매우 안전하게 만들어준다. 요즘은 특별한 노력이 없이도 인터넷에 검색을 통해 찾아볼 수 있기 때문에 투자자들이 얼마든지 신경만 쓰면 쉽게 참고할 수 있다.

투자 기간이 길어지면 느끼는 것이 있다. 그것은 얼마나 많이 버느냐보다 위험한 상황에서 얼마나 지혜롭고 유연하게 큰 손실 없이 빠져나올 수 있느냐가 더 중요하다는 것이다. 큰 돈을 벌겠다고 들어온 주식 시장에서 위험하지 않게 투자하는 방법을 얘기하면 사실 크게와 닿지 않을 수는 있겠다. 그렇지만 지금까지 소개한 지표들은 잘 챙겨두고 보면 장기적으로 매우 유익할 것이다.

CHAPTER 2

여의도가 숭배하는
실물 시장 지표

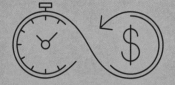

실물경제 지표

이번에는 실물 경제 지표에 대해 살펴보려고 한다. 사실 금융 시장과 실물 시장은 수레의 두 바퀴와 같다. 금융 시장과 실물 시장은 모두 한 축에 달려 있기 때문에, 한쪽이 너무 비대해 지거나 납작하게 바람이 빠져버려 균형이 맞지 않으면 큰 문제가 발생한다.

경제라는 수레가 안전하게 순항하기 위해서는 양쪽의 균형이 중요하다. 돈이 너무 많이 풀려도 안 되고 너무 적게 풀려도 안 된다. 그걸 조절하는 것이 통화정책이고, 실물이 돌지 않고 막히면, 돈이 아무리 풀려도 해결이 어렵다.

그럴 때 그것을 해결해주는 것이 재정정책이다. 돈이 너무 많이 풀려서 인플레이션이 오고 돈은 많은데 실물 경제가 돌지 않으면 침체와 공황이 오는 것이다.

사실 누가 먼저라고 할 것 없이 금융 시장과 실물 시장은 서로 영향을 주고받는다.

그렇지만 주식 시장에 오래 있다 보면, 주식은 사실 실물 시장보다 먼저 움직이기도 하지만, 결국에는 실물 시장의 긴 추세와 흐름에 따라가는 구조라고 보는 게 맞다. 업종이나 종목들도 사실은 매크로 지표들의 상황에 따라 크게 영향을 받기 때문에, 생산 소비 투자 고용의 주요 매크로 지표들을 가늠할 수 있는 지표들은 꼼꼼히 공부해놓을 필요가 있다.

ISM 제조업 지표

ISM$^{\text{Institute for Supply Management}}$ 제조업 지표는 전미구매자협회에서 매월 발표하는 지표다. 지수의 작성 방식은 전미구매자협회가 각 사업 회사의 구매 담당자 300여 명에게 9가지 항목에 대한 설문을 통해 조사하고, 매월 첫 번째 주 평일에 발표한다.

신규주문, 재고, 생산, 고용, 원자재 가격, 배송 속도, 수주 잔량, 수출, 수입 등에 대해 묻는다. 이 지표가 중요한 것은 경기선행 지표의 역할을 하기 때문이다. 특히 여기서 5가지 항목을 빼서 따로 발표를 하는데 그것은 PMI$^{\text{purchasing manager index}}$(구매관리자지수)라고 한다. 그러니까 ISM 제조업 지표와 PMI는 사실상 범위만 다를 뿐 같은 것이라고 보면 된다.

그런데 이 지표는 주식 투자를 할 때, 유용한 지표다. 예를 들어, 내

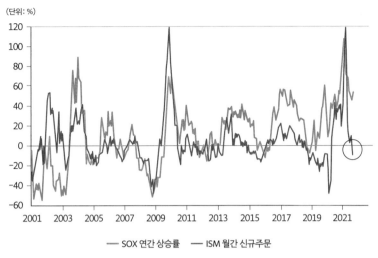

◆ ······ **필라델피아 반도체 지수(SOX)와 ISM 신규주문 증감률**

(단위: %)

가 투자하는 회사가 반도체나 제조업 공정에 들어가는 중간재라고 하면, 그것이 수출되는 나라의 제조업지표를 살펴보는 것만으로도 내가 투자한 회사의 1~2분기 이후의 실적에 대해 추정이 가능하다.

위 그림을 보면, ISM 신규 주문이 늘고 줄어드는 방향과 필라델피아 반도체 지수가 궤를 같이한다. 그러니까 ISM제조업 지표가 부러지는 상황에서 반도체에 투자하는 건 별로 좋은 아이디어는 아닌 것이다.

그렇다면 한국의 반도체는 어떨까? ISM 제조업 지표가 나쁠 때는 삼성전자와 하이닉스 주가가 좋은 흐름을 보이지 않는다. 그렇다면 반도체 비중이 높은 한국 KOSPI는 결국 ISM제조업 지표가 좋아질 때 투자하면 된다는 얘기가 된다. 복잡할 것이 없다.

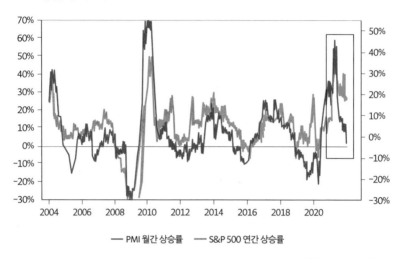

◆ ······ 생산 지표(ISM)

자료: Morgan Stanley

— PMI 월간 상승률   — S&P 500 연간 상승률

위 차트에서 회색 선이 ISM 제조업 지표다. ISM 제조업 지표가 빠지면 S&P 500도 같이 빠지고 올라가면 같이 올라간다. 시차가 있고, 가끔은 디버전스가 나오기는 하지만 추세는 비슷하게 흘러간다는 것을 알 수가 있다.

그리고 이 사이클을 잘 보면 신용의 팽창과 축소가 앞의 수익률곡선 역전과 정확하게 맞아떨어진다. 그러니까 S&P 500이라고 하는 지수의 이익 추정치를 알고 싶으면 ISM 제조업 지표를 보면 된다. 정확하게 수치까지는 알 수 없지만, 분명한 것은 방향성은 볼 수 있다는 것이다. 비전문가라고 하더라도 누구나 상승과 하락에 대한 큰 전망은 하면서 투자할 수 있다.

소비 지표: 소비자심리지수

다음은 소비자 지표다. 소비를 측정하는 것에는 여러 가지가 있다. 소매판매retail sales, 내구재 소비durable consumption, 소비심리지수 consumer sentiment index 등이 있다. 그중에서 우리가 주식 투자에 선행적으로 자주 이용하는 것이 바로 소비자심리지수다. 소비자심리지수는 설문조사로, 컨퍼런스보드CS, Conference Board와 미시간대학교 두 기관에서 발표한다.

발표 주기와 조사 내용이 약간씩 다르다. 미시간대학교 소비자심리 지표는 표본 500명을 대상으로 조사한다. "1년 전에 비해 살림살이가 나아졌나? 앞으로는 어떨 것 같은가?", "향후 국가 경제에 대해 어떻게 생각하나?", "향후 5년 전망에 대해서는 어떻게 생각하는가?", "지금 가구, TV, 냉장고 등의 내구재를 사기 좋은 때라고 생각하나?" 등을 질문한다.

컨퍼런스보드 소비자심리 지표는 표본 5,000가구를 대상으로 조사한다. "당신이 살고 있는 지역의 경기는 괜찮은가?", "그 지역의 일자리 사정은 어떠한가?", "6개월 뒤 당신이 살고 있는 지역의 경기는 어떻게 될 것 같나?", "6개월 뒤 당신이 사는 지역의 일자리 사정은 어떠할 거라고 보나?", "6개월 뒤 당신의 수입은 어떻게 될 것 같은가?" 등을 묻는다.

그래서 소비자심리지수를 사용할 때는 잘 따져봐야 한다. 간략히 비교하면, 미시간대는 주로 내구재 소비에 초점이 맞춰져 있고, 컨퍼런스보드는 고용 시장에 초점이 맞춰져 있다고 보면 된다.

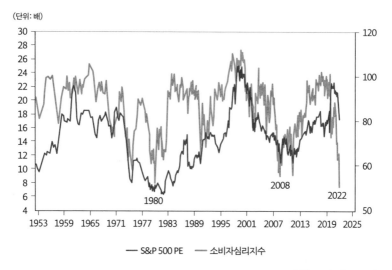

(단위: 배)

범례: ── S&P 500 PE ── 소비자심리지수

자료: Yardeni Research

위 차트를 보면, S&P 500 지수의 흐름과 소비자심리 지표의 흐름
이 대부분 비슷하다는 걸 알 수 있다. 그러니까 주황색이 소비자 심
리인데 소비자심리가 내려가면 S&P 500도 내려가는 것이다. 중요한
것은 소비자심리가 지수보다 먼저 움직인다는 것이다. 그 이유는 미
국 경제의 70~75%가 소비인데, 그 소비가 어떻게 움직이냐에 따라
미국 기업들의 실적이 달라지기 때문이다.

소비심리가 망가졌을 때 S&P 지수가 오를 수 있다. 그러면 생각해
봐야 한다. 지수가 내릴 수도 있고, 반대로 소비 쪽이 아닌, 생산이나
투자 쪽에서 경제를 이끌고 가는 섹터가 있는지 지켜봐야 한다. 소비
자심리와 지수만 보고도 시장에 대한 질문과 대답을 통해 좋은 결론
을 찾아갈 수 있는 것이다.

물가 지표: CPI, PCE

이번에는 인플레이션 지표로 유명한 물가 지표를 알아보자. 인플레이션의 정의는 전반적으로 물가가 오르는 현상을 말한다. 그런데 최근에 인플레이션 때문에 Fed가 긴축을 하고 그에 따라 증시가 하락하니, 인플레이션이라는 말만 들어도 투자자들은 싫어한다. 그러나 인플레이션이 디플레이션보다 주식 시장에는 좋다. 물가가 서서히 점진적으로만 올라준다면 기업들의 매출에 좋은 영향을 미친다.

다음 차트에서 회색 막대 그래프는 인플레이션을 나타낸다. 1990년대처럼 적정하게 유지되는 인플레이션은 주식 시장에 매우 좋다. 그런데 1970년대와 1980년대 인플레이션은 너무 급하게 오르고 있다.

◆ ······ **인플레이션 지표(CPI, PCE)**

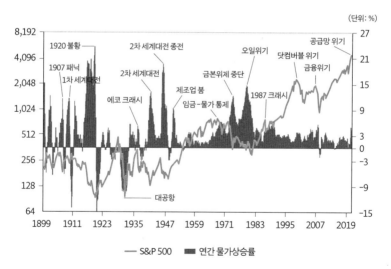

자료: Real Investment Advice

지수와의 상관관계를 보면, 안정적인 인플레이션 구간에서는 지수가 꾸준하게 우상향하지만, 급격하게 올라가는 구간에서는 지수는 빠져버린다. 심지어 급락해버린다.

인플레이션의 반대말은 디플레이션이다. 물가상승률 0% 기준선 아래로 내려가는 시기가 디플레이션이 찾아왔을 때다. 이때 물가가 오히려 빠져버린다. 그런 경우는 보통 리세션이나 대공황 같은 경기침체기다. 정상적으로 성장하는 것이 가장 좋은 경제 시스템에서는 완만한 인플레이션을 가장 선호하고, 이런 구간은 골디락스 goldilocks[5]로 표현하고, 주식 시장도 오르고 인플레이션에서도 완만하게 상승한다.

이런 인플레이션을 측정하는 지표 역시 여러 가지가 있으나, 여기서는 두 가지를 살펴보고자 한다. CPI Consumer Price Index(소비자물가지수)라는 것과 PCE Personal Consumption Expenditure(개인소비지출)이다.

원래 2000년대 초반까지는 CPI가 주력이었다. 그런데 Fed가 PCE라고 하는 지표를 정책의 기준으로 삼으면서 이 지표가 대세가 되었다. 둘 다 물가를 측정하는 용도인데, 둘은 측정대상, 계산 방식, 가중치 등에서 서로 약간 다르다.

다음 표를 보자. 이 표를 보면 주요 항목 중 주택(Housing)과 의료(Medical care), 자동차 등의 비중이 눈에 띄게 차이가 난다. 나머지는 대부분 비슷하다. CPI에서는 집값이 미치는 영향이 더 크고, PCE

---

5 뜨겁지도 차갑지도 않은 적당한 상태. 경제가 성장하고 있더라도 물가상승이 없는 상태를 가리킨다.

CPI 지출 범위		2015년 12월		
		PCE 비중	CPI 비중	PCE-CPI: 비중 차이
전체 품목		100	100	–
식음료		12.9	15	-2.1
거주		23.6	42.2	-18.6
거주 상세	주택	16.4	33.2	-16.8
	주택 외	7.2	9	-1.8
의류		3.8	3.1	0.7
교통		10.4	15.3	-4.9
의료		22	8.4	13.6
오락		7.6	5.7	1.9
교육 및 통신비		6.2	7.1	-0.9
기타 상품과 서비스		13.4	3.2	10.2

자료: Bureau of Economic Analysis

에서는 의료비 지출 관련된 부분을 더 중요하게 생각한다. 즉 PCE는 서비스와 관련된 것에 영향을 더 받는다고 보면 된다. 이것이 두 지표의 차이다. 그러니까 병원비가 올라가면 PCE가 더 오르고, 집값이 올라가면 CPI가 더 오른다.

이 물가 지표와 주식 시장은 매우 밀접한 관련이 있다. 우리가 고속도로를 운전할 때, 최고 속도 120km/h, 최저 속도 70km/h로 되어 설정되어 있다고 해보자. 그러면 사실 70~120km 사이에서는 어떤 값을 선택하든 문제가 생기지 않는다. 운전자 마음이다.

물가도 마찬가지다. 70km 아래로 떨어지면 디플레이션이라고 보고 속도를 올려야 한다. 반대로 120km 위로 올라가면 이것은 인플레이션이라서 차분히 가라앉혀야 한다.

물가는 어떤 임계치를 넘어서지 않으면 딱히 투자에 크게 영향을 미치지 않는다. 한 달에 1번씩 나오는 이 물가 지표는 2022년처럼 40년 만에 한번씩 폭등하거나 폭락하지 않는 이상, 증시에는 그렇게 중요한 지표는 아니다.

그다음은 고용 지표다. 실물 지표 중에서는 가장 중요한 것을 꼽으라면 단연 고용지표일 것이다. 고용지표에는 실업, 고용, 임금 등의 데이터가 배포된다. 그런데 이 고용 지표는 결국 정부의 정책과 선거에까지 영향을 미치기 때문에, Fed나 정부가 매우 면밀히 관찰하는 지표 중에 하나다.

고용지표는 신규실업수당 청구, 신규 고용, 시간당 임금, 실업률 등으로 주간, 월간 자료로 발표가 된다. 고용이 잘되면 소득이 생기고, 소득이 소비를 유발하는 것은 당연하다. 특히 이 고용 지표는 미국 경제의 태생적 구조로 볼 때 자동차와 집에 큰 영향을 준다. 고용이 되면 3개월 이상 고용이 되었다는 증명서만으로 빚을 내서 집도 사고 차도 산다. 이런 고용 지표가 얼마나 잘 나오느냐, 안 나오느냐에 따라 경제는 좋기도 하고 나쁘기도 하다.

다만 한 가지, 이 고용 지표는 경기 후행 지표다. 그래서 이 지표를 해석하는 데는 매우 복잡하고 면밀한 경제학적 지식이 필요하다. 주식 시장과의 관계를 본다고 하면, 과열과 침체 판단에 매우 중요한 지표가 된다.

◆⋯⋯ **실업률과 주택 지수**

(단위: 건수, ×1000)   (단위: 상승률 %)

— 미국 신규 실업수당 청구 건수   — 미국 NAHB 주택시장지수

자료: NAHB, Bureau of Economic Analysis

위 그래프를 보자. 경제와 실업과 집값의 관계를 이해하는 것은 매우 중요하다. 집값이 오르면 물가가 올라갈 것이다. 그럼 집값을 가장 중요하게 반영하는 건 뭘까? 집값은 뭘 따라가겠는가? 가장 중요한 것은 유동성일 것이고, 그다음으로 중요한 것은 고용 시장이다.

그래프에서 주황색 선은 신규 실업수당 청구 건수이다. 왼쪽 수치를 따라 확인하면 된다. 왼쪽 눈금에서는 위로 갈수록 단위가 올라가게 그려져 있다. 만약 주황색 선이 내려간다면 실업이 감소한다는 것을 의미하고 고용 시장이 매우 좋아지고 있다는 의미를 내포하고 있다. 즉 주황색 선은 실업률을 나타낸다고 할 수 있다.

회색으로 나타낸 선을 보자. 회색 선은 오른쪽 수치를 따라 확인하면 되는데, 오른쪽 눈금은 아래로 내려갈수록 단위가 올라가게 그려져 있다. 즉 회색 선이 아래 방향으로 내려갈수록 집값은 올라간다는 뜻이다.

이 두 가지 그래프의 흐름을 잘 살펴보자. 만약 두 가지 선이 함께 아래쪽으로 내려간다면 왼쪽의 눈금에 따라 실업률은 내려가고, 오른쪽의 눈금에 따라 집값은 올라간다는 것을 의미한다.

즉 실업률이 떨어지고, 그 결과 집값이 올라갔다. 고용이 활황일 때 집값은 오른다는 결론이 나오게 된다. 만약 정부나 Fed가 집값을 내리고 싶으면 실업률, 신규 실업수당 청구 건수를 올려야 한다. 즉 사람들을 해고하면 되는 것이다. 그러면 집값은 내려간다. 그러니 지금처럼 물가가 올라갈 때, CPI라고 하는 물가를 잡기 위해서는 결국에는 실업률을 끌어올려야 한다는 것을 의미한다.

그럼 대박은 어디서 나올까? 경제는 위로 가는데 주가는 밑에 있을 때는 사면 된다. 경제는 내려가는데 주가는 올라가고 있다면 주식을 팔면 되고, 인버스를 쳐주면 된다.

앞서 살펴본 바와 같이, 주식 시장은 실물 경제와 상호 영향을 주고받으면서 좋아지기도 하고 나빠지기도 한다. 그러나 24년 가까이 주식 투자를 하면서 느낀 것은 결국 경제가 좋아지는 흐름이 나올 때 주식도 잘된다는 것이다. 경제가 부러지고, 유동성의 물길이 제대로 실물 쪽으로 흘러 들어가지 못할 때는 주식 투자가 매우 위험해진다. 그럴 때는 리스크 관리를 해야 한다. 직접적인 투자에 이용할 때도 지표가 제시하는 섹터와 업종의 활황과 불황을 가늠하고 그에 맞춰 투자해나갈 수 있다.

실물 시장의 상황을 파악할 수 있는 지표들을 살펴봤다. 장기적으로 주식 시장의 흐름을 예상하는 데 매우 유익하고, 어떤 중요한 변곡점에서는 시장이 이런 지표들에 매우 민감하게 반응하는 경우도 있다. 잘 이용하면 투자에 큰 도움이 되지만 한 가지 문제라고 하면 지표를 어떻게 만드는지, 그리고 그것을 어떻게 해석해서 적용해야 하는지 매우 복잡하다는 것이다.

첫술에 배부를 수는 없을 것이다. 분명한 것은 시차만 극복하여 투자에 적용시킨다고 하면 엄청난 수익을 낼 기회나 매우 위험한 상황을 모면할 수 있는 아주 좋은 투자 지표가 될 것이라는 점이다. 주식 시장은 경제를 미리 반영하는 경향이 있다. 그런데 이상하게 또 반대로 매우 늦게 시장을 따라 가기도 한다. 고집을 부리다가 꺾이는 시장은 매우 큰 반등이나 하락을 만들기도 한다. 다만 기준은 실물 시장이겠고 금융 시장의 움직임이 그것에 합치하는지에 대하여 잘 판단하는 것이 투자자한테 남겨지는 것일 뿐이다.

CHAPTER 3

대박의 핵심,
타임스팬과 디버전스

매크로의 실전 응용편

매크로 경제 지표나 금융시장 지표를 공부하는 것이 딱히 주식 투자에 도움이 안 된다고 하는 사람이 있다면, 그게 아니라고 말하고 싶다. 경제와 시장의 크고 작은 사건과 흐름을 나타내주는 지표를 공부해야, 투자자 또한 매우 큰 흐름에서 자산을 크게 불려나갈 수 있는 기회가 생긴다.

그렇기에 여기서는 지금까지 얘기한 매크로의 핵심이자 실전 응용편이라고 볼 수 있는 타임스팬과 디버전스가 무엇이고 어떻게 활용할지 알아보자.

사람들은 미래를 알고 싶어 한다. 투자자는 더욱 그러하다. 그런데 미래를 내다보려면 무엇인가 기준과 근거가 있어야 한다. 뇌피셜로 범벅이 된 경제에 대한 담론을 넘어 소중한 내 돈을 투자할 수 있고,

길게 보고 투자의 맥을 짚어 갈 만한 논리와 데이터적 근거가 필요하다. 그것에 관해 얘기해보고 싶다.

래깅과 리딩

다음 차트를 보면, ISM 신규주문^{new order}은 ISM 제조업 지표의 방향성에 선행한다. ISM 신규주문은 ISM에 선행한다는 것을 리딩한다고 말하고, ISM은 신규주문에 후행한다는 것을 래깅한다고 표현한다. 그런데 그 래깅이 3개월 정도 뒤에 따라온다는 것, 이것이 투자에 매우 중요한 이벤트가 된다.

◆······ **ISM 제조업 지표 vs. ISM 제조업 신규주문 마이너스 재고(3MMA)**

—— ISM 제조업 지수　　—— ISM 제조업 신규주문　　▓ 경기침체

자료: Refinitiv Datastream, Stouff Capital

그래프상 2022년 중반에는 ISM 제조업 지표가 매우 견고하고 58을 기록하고 있지만, 앞으로 3~4개월 후에는 50이하로 떨어질 가능성이 매우 크다는 것을 이 그래프를 통해 유추해볼 수 있다.

그럼 SOX(필라델피아 반도체지수)나 한국의 반도체를 투자한다면 추후 어떤 흐름을 보일지 가늠할 수 있다. 즉 반도체는 저런 상황에서는 매수하면 안 된다는 것이다.

아래 차트를 보자. ISM 제조업 지표와 각국 중앙은행의 부양책을 차트로 나타낸 것이다. 주황색은 글로벌 PMI를 나타내고(왼쪽 눈금), 회색 얇은 선은 완화정책을 하는 중앙은행의 숫자를(오른쪽 눈금) 나타낸다.

회색 선의 차트가 내려가면 오른쪽에서 중앙은행의 숫자가 아래

◆ ······ **각국 중앙은행의 통화 부양책**

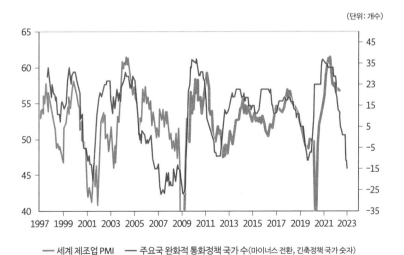

(단위: 개수)

—— 세계 제조업 PMI   —— 주요국 완화적 통화정책 국가 수(마이너스 전환, 긴축정책 국가 숫자)

자료: Topdown chart, Refinitiv Datastream

로 내려가면서 눈금이 마이너스를 가리킨다. 즉 부양책보다는 긴축을 쓰면 이 그래프가 내려간다. 그런데 8개월 후행으로 PMI(ISM 제조업 지표)가 내려오는 것을 알 수 있다. 즉 2023년이 되면 글로벌 PMI는 크게 하락하고 글로벌 경제가 생산 위축을 경험하게 될 것이라는 점을 미리 말해준다.

아래 차트는 LEI^{Leading Economic Index}인데, LEI는 경기선행지표로 10개의 구성 항목을 결합하여 경기 전망을 하는 지표다. 이는 주황색으로 표시가 되어 있고, 회색은 S&P의 EPS 증가율을 나타낸 것이다.

이 두 지표는 LEI가 6개월 정도 선행하는 것으로 나타나고 있다. 즉 LEI가 하락하면 추후에 S&P의 기업 이익 증가율도 하락하는 것을 볼 수 있다.

◆⋯⋯ **LEI와 S&P 500 EPS 연간 상승률 비교**

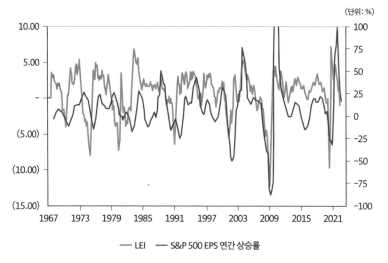

자료: Real Investment Advice

이렇게 경제지표들과 금융지표들을 섞어서 그래프로 그려보면, 어떤 것은 또 다른 어떤 것의 예측 지표로 활용이 된다. 이런 것들을 기억해놓으면 시장이 오르거나 내리는 것에 대해 조금 자세하고 정교한 투자 지표를 얻을 수 있다.

이렇게 선행과 후행 그리고 그것에 맞는 타임스팬을 기억하면 개인투자자들도 얼마든지 매크로에 기반을 둔 합리적 투자를 진행할 수 있다. 또한 이런 지표들은 변곡점이나 과열 침체 등에 대한 깊은 인사이트를 주기 때문에 투자자들에게는 엘도라도로 가는 나침반이 되어줄 것이다.

디버전스

지금부터 살펴볼 것은 디버전스다. 차트를 공부한 사람이라면 디버전스가 무엇인지 들어봤을 것이다. 우리가 흔히 "마음은 원하는데, 몸이 따라주질 않는다"라는 말을 하곤 하는데, 이런 것을 디버전스라고 한다.

즉 디버전스란 분명히 어떤 구간에서 흐름이 일치하거나 반대로 가야 맞는데 그렇지 않고 흐름이 깨지는 경우를 말한다. 그리고 이것의 방향성만 잘 잡으면 아주 큰 수익을 주는 훌륭한 인사이트를 얻을 수 있다.

다음은 앞서 설명한 소비자심리지수다. 다음 페이지에 나오는 그래프를 살펴보자. 소비자심리지수가 떨어지고 있는 걸 볼 수 있

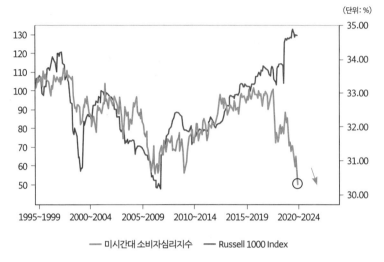

(단위: %)

1995~1999 2000~2004 2005~2009 2010~2014 2015~2019 2020~2024

─── 미시간대 소비자심리지수   ─── Russell 1000 Index

자료: Bloomberg

다. 이는 미국 기업들의 마진율이 줄어든다는 뜻이다. 100원 팔아
서 15원 이득 보다가 10원, 8원, 7원, 이런 식으로 내려간다는 것이
다. 마진율이 내려가면 이익의 규모도 줄어든다. 똑같이 1천만 원 매
출을 올려도 이익이 15%에서 5%로 줄어든다. 그럼 EPS$^{Earning Per}$
^{Share}(주당순이익)가 줄어들고 주식 시장은 빠져버린다. 그런데 차트를
보면 마진은 유지되고 있는데, 소비자 심리는 바닥을 찍고 내려가고
있다. 이런 경우 향후 기업들의 마진이 줄어들 것을 예상할 수 있고,
그에 따라 지수가 내려갈 가능성이 크다는 것을 의미한다. 또 여기에
심리지표는 6개월 선행하기 때문에 향후 6개월의 주가 흐름에 대해
서도 어느 정도 감을 잡을 수 있게 된다.

　다음 차트를 보자. 여기에서도 디버전스가 나온다. 소비자심리(주

◆ ······ **소비자심리와 주식비중**

(단위: %)

자료: Bloomberg

황색)는 매우 안 좋은데, 주식 투자 비중(회색)은 지금도 유지되고 있
는 상황이다. 향후 4~6개월 이후 주식에서 돈을 빼내 사람들은 소비
를 하게 된다는 것을 의미한다. 결국 주식을 팔게 되는 요인으로 작
용하고, 종합지수가 내리는 흐름을 만들어낼 수도 있다.

소비심리가 이렇게 악화하는데 주식은 잔뜩 들고 있다면 결국에
는 어떻게 되겠는가? 주식을 팔게 될 것이다. 그러니까 주식 시장은
올라갈 때마다 매물이 쏟아지는 톱니바퀴 형태의 하락 장세를 마련
해준다. 올라가면 팔고 올라가면 팔고 올라가면 팔기를 반복한다. 왜
그럴까? 소비는 해야 하는데 돈은 없고, 그런데 충분히 쓰지는 못하
니, 소비가 침체되고 그에 따른 기업들의 이익도 떨어지므로 차츰 하
향하는 주가 흐름이 나오는 것이다.

◆⋯⋯ **원자재와 달러 인덱스**

자료: Optuma

마지막으로 차트를 하나 더 보자. 위 차트는 원자재와 달러 인덱스의 관계를 나타낸 것이다. 주황색은 원자재^{commodity}이고, 회색은 달러 인덱스^{dollar index}다. 왼쪽은 달러 인덱스가 올라갈수록 높아지는 것이고, 오른쪽은 원자재가 내려갈수록 올라가게 그려 넣은 것이다. 결국 원자재 시장은 달러가 강세면 약세가 되고, 달러가 약세일 때는 올라가는 것을 보여준다.

그런데 최근 흐름을 보면, 달러가 강세이면서 원자재값은 반대로 급등하는 디버전스가 발생했다. 이럴 때는 달러가 부러져서 내려가든 원자재가 내려가든 해야 한다. 그런데 역사적으로 보면, 달러가 원자재를 이긴다. 결국 원자재는 매우 큰 폭으로 하락할 가능성이 있다.

이처럼 무심코 지나가는 경제 지표나 자료들 사이에서 디버전스라는 아주 기가 막힌 기회들을 만날 수 있다. 거시경제에 대해 미리 공부하고 노력하게 되면, 이런 기회들을 놓치지 않고 큰돈을 벌 수 있다.

또한 반도체나 원자재 관련 기업들을 직접 투자하거나 ETF 같은 상품으로 재테크의 기회를 본다면, 이런 자료들을 꾸준하게 검토하고 노력하면 큰돈이 될 수 있다는 것을 잊지 말자.

불필요한 것들에 시간을 뺏기지 말고,
시장에 집중하라.

PART 3

무엇이든 살 수 있는 시장에서
뭘 사야 할지 모르는 투자자들

TIMING TO
BUY,
SELL,
MAKE A FORTUNE

주식 투자에 없는 세 가지:
자격, 삼진, 만기

나는 최근 투자자들을 보면서 이런 생각을 한다. 이렇게 많은 기회와 도구를 제공하는 증권 시장에서 정작 투자자들은 아무 데도 갈 수 없는 상황이 됐구나 하는.

뭐든지 살 수가 있다. 방향도 위든 아래든 다 투자할 수 있다. 주식이든 채권이든 부동산이든, 뭐든 투자해서 수익을 낼 수 있는데, 계속 한쪽만 보다가 그렇게 못하는 것이다. 오로지 급등주, 테마주, 순식간에 큰 시세를 내는 것에만 초점이 맞춰져 있으니, 선택적 근시가 되어 멀리 내다보는 투자는 엄두도 못 내고 있다.

엄청난 기회들 속에서도 기회가 너무 많기 때문인지, 그중에서 투자해야 할 것을 제대로 찍어내지 못한 때문인지, 뭘 살지 모르는 투자자가 많다. 이제부터 얘기할 내용은 그런 투자자들에게 도움이 될 내용이라고 생각한다.

주도주란 무엇이고 어떤 특성을 가지고 있는지, 주도주를 어떻게 찾을 것인지, 어떤 업종에서 찾을 것인지에 대한 얘기해보도록 하겠다. 주식 투자를 하면서, 주도주를 사는 것과 주변주와 구분하는 것은 타짜가 되는 가장 빠른 길이라고 볼 수 있다.

주도는 시장을 먹살이라도 잡아서 끌어올릴 수 있을 정도의 산업 섹터를 말한다. 대한민국을 먹여 살리는 중이거나, 그럴 것으로 예상되는 것에 투자가 몰리면서 주가가 높이 올라가는 주식들을 주도주라고 한다. 예를 들어 시가 총액 500억 원짜리가 5천억 원이 되었다고 해서 그걸 주도주라고 하지는 않는다. 그것은 그냥 틈새^{nitch}이고 고성장주가 되는 것이다.

여의도에서도 투자자들이 그쪽으로 몰려들어 배팅을 하고, 지속적인 시세 분출이 일어나는 것이 주도주다. 그러면서 전체 업종과 종목의 시가 총액이 커지는 것, 그게 주도주다.

예를 들어 지수가 빠질 때 올라가는 종목들이 있다. 그렇지만 이것을 주도주라고 하지는 않는다. 이것은 니치 마켓^{niche market}(틈새시장)이다. 장이 빠질 때는 인버스가 주도주다. 올라갈 때는 지수 올라가는 것보다 더 끌고 올라가면서 다른 종목들이 빠질 때 지수 자체를 다 들어 올릴 힘을 가진 주식들이 주도주라고 할 수 있다.

그 주도주를 한 번이라도 투자해봤다면 주식의 묘미를 알게 될 것이고, 빠져나올 수가 없다. 그런 주도주와 주도 업종을 선택하고 돈을 태워야 하는데, 마음만 앞서고 두렵기만 할 것이다. 그래서 그 얘기부터 하고자 한다.

주식 투자에 없는 세 가지가 무엇인지 아는가? 그건 바로 자격증, 삼진 그리고 만기다.

먼저 주식 투자에는 자격증이 필요 없다. 차를 몰아도 운전 면허가 필요한데, 주식은 차 몇 대 값을 투자해도 자격증을 요구하지 않는다. 그냥 돈을 갖고 계좌만 트면 자격 요건은 되는 것이다. 주식을 몇 년 했느니, 증권사에서 몇 년 일했느니, 돈이 많다느니, 그런 거 다 필요 없다. 부적합한 권위에 호소하는 오류일 뿐이다. 그냥 돈 넣고 투자해서 수익 내면 그 사람이 선생이고 선배다.

물론 여의도에서 일을 하는데 자격증은 필요하다. 그건 금융투자업법이 정하는 것일 뿐, 자격증이 있다고 해서 주식을 잘하는 게 아니다. 그러니 초보자라고 주눅들 필요도 없고, 군이 금융투자업자에게 필요한 자격증을 공부할 필요도 없다. 정말 돈이 되고 필요한 정보나 분석을 이용해서 돈만 벌면 된다.

그리고 주식 투자에는 삼진이 없다. 현금 들고 1년 내내 CMA에 돈을 넣어 놓고 예수금으로 묶어놓는다고 해서 "나가십시오"라고 하는 사람은 없다. 야구를 할 때는 스트라이크가 세 번 나오면 방망이 놓고 나가야 한다. 삼진 아웃이다. 파울을 치거나 볼 넷이면 진루를 해야 한다. 그런데 주식에는 삼진이나 볼넷이 없다. 파울을 치든 가만히 타석에 서 있든 누구 하나 시장에서 내쫓기지 않는다. 그러니 서두를 필요가 없다. 좋은 기회가 아니면 기다리면 그만이다.

마지막으로 주식 투자에는 만기가 없다. 예금에도 만기가 있고 채권에도 만기가 있다. 웬만한 투자에는 다 만기가 있다. 그런데 주식에서는 10년이든 20년이든 30년이든, 그 회사가 망하든 대박이 나든, 만기가 됐다고 내가 갖고 있던 주식을 팔거나 사거나 이자를 지급받거나 하지 않는다. 매우 오랜 기간 같이 갈 수도 있고, 사고 나서 바로 손절하고 인연을 끊어버릴 수도 있다. 그러니 반대로 생각하면, 투자의 기간을 먼저 고려하지 않으면 투자가 쉽지 않을 수 있다.

내가 이 세 가지를 얘기하는 이유는 간단하다. 불필요한 것들에 시간을 뺏기지 말고, 시장에 집중하라고 말하기 싶기 때문이다. 얽매이는 것이 많아지면 많아질수록 정작 중요한 포인트들은 놓칠 수 있기 때문이다.

CHAPTER 1

오래 기다리지 않고
주식 투자 성공하기: 주도주

실패하지 않기 위해서라도 주도주를 알아야 한다

주도주는 시장이 상승할 때면 늘 나타난다. 시세 분출도 강력하고 아주 단기간에 에너지가 집중되다 보니, 단기간에 빠르게 수익을 낼 수 있다는 장점이 있다. 주도주는 초기에 판단하기 매우 어렵다. 그리고 시세의 변동성이 크기 때문에, 초보 투자자들은 상승 초기에 수익을 조금 내고 팔아버린 후, 시세 분출이 나오는 고점 부근에서 따라붙었다가 큰 손실을 보기도 한다. 아무리 좋아 보이는 주식도 시장이 인정해주지 않으면 주도주로 성장할 수 없다. 그렇기에 늘 시장이 어떻게 생각하는지, 시세 분출의 에너지가 무엇인지 면밀히 관찰하면서 투자를 진행해야 하므로 많은 노력이 필요하다.

앞서 서두르지 말고 천천히 투자하라고 했는데, 기세가 붙어서 다소 위험해 보이는 주도주를 이야기하는 이유는 뭘까? 성공하기 위해서는 결국 빨리 올라가는 주식을 사는 게 가장 좋기 때문이다. 그리고 시세가 강하게 움직이기는 하지만, 막상 투자를 해보면 주도주가 가장 안전하다는 느낌을 받게 될 것이다.

상승장에서 주도주를 잡으면 그 주도주는 지수보다 훨씬 더 큰 수익을 내준다. 그리고 시장이 조정을 보일 때도 같이 조정을 보이기는 하겠지만, 조정이 끝나면 원위치로 복귀하는 데 매우 짧은 시간이 소요된다. 그래서 고통은 적고 수익은 많은 구조를 보며 투자할 수 있는 것이 주도주라고 볼 수 있다.

앞서 강조했듯 거시경제가 매우 중요하다. 그것은 시장이 오르고 내리는 것의 문제만이 아니라 어떤 섹터, 어떤 종목이 주도주가 될 것인가에 대한 지침을 주기 때문이다.

다음 차트를 한번 살펴보자. 지난 70년 동안 미국의 주도주의 수

◆····· **10년 주기 주도주 테마와 누적수익률(USD)**

(단위: %)

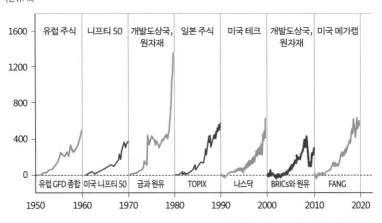

자료: MSIM, Bloomberg, Factset, Haver

익률과 섹터를 나타낸다. 보통 한번 설정된 주도주는 10년 가까이 시세를 분출한다는 것을 알 수 있다.

차트를 보면, 한 시대를 이끌었던 주식들이 그다음 상승장에서도 주도주가 되는 경우는 별로 없다. 물론 1990년대 IT 섹터 중 일부 기업이 2020년대 상승장에서도 주도주로 편입되긴 했으나, 큰 업종 흐름으로 보면 변한다고 보는 게 맞다.

시장이 상승장으로 돌아가느냐 안 하느냐가 매우 중요한 이유는, 그것이 내 돈의 많은 부분을 주식 시장으로 끌고 들어와도 되느냐 안 되느냐에 대한 답을 주기 때문이다. 즉 비중을 얼마나 실을 수 있는가에 대한 답을 준다는 것이다. 결국 지수가 올라가느냐 내려가느냐를 판단하는 이유는, 내 전 재산이 10억 원이라고 할 때 전액을 투자할 수 있느냐, 아니면 1억 원만 투자하고 리스크 관리를 하느냐, 이것을 판단하기 위해서다. 그 이상도 그 이하도 아니다.

그런데 막상 장이 좋아도 내가 산 주식은 오르지 않는 게 문제다. 주식들의 평균을 냈을 때 지수가 올라가는 것이지, 지수가 올라간다고 종목이 전부 다 올라가는 건 아니다. 더 오르는 게 있고 덜 오르는 게 있는데 되도록이면 더 오르는 것에 속하는 종목을 찾으면 더 좋다는 의미다. 그게 바로 주도주와 주도 섹터를 찾는 이유다.

주식 투자 방식은 매우 다양하다. 주가 평가 방식으로 싼 주식을 사모으는 전략도 장기적으로 괜찮고, 배당을 받아가면서 수익을 쌓아가는 것도 나쁘지 않다. 그러나 주식의 묘미는 바로 주도주에 있다.

먼저 시대정신을 알아야 한다

그럼 어떻게 하면 이런 주도주를 택할 수 있을까? 주도주를 찾는 제 1조건은 바로 시대정신이다. 시대를 앞서가자는 말이 아니라 그 시대의 지배적인 시대정신이 무엇인가를 찾아보자는 것이다.

내가 처음 주식을 시작한 1998년부터는 닷컴버블의 시대였다. 인터넷과 네트워크로 연결되어 사회 구조와 산업이 빠른 속도로 재편되는 시기였다. 그냥 주식이 오르고 내리고만 생각하고 오늘은 어떤 주식이 올라갈까만 생각하며 투자했지만 돈은 잘 벌렸고, 지나고 보니 그때가 그런 시기였다는 것을 알게 되었다.

2001년부터는 중국이 WTO$^{World Trade Orgarnization}$(세계무역기구)에 가입하면서 신흥국에 투자한 사람들은 대부분 큰 수익을 냈다. 지수가 50% 정도 올라오는 동안 국내 주식 시장에서도 신흥국과 관련된 종목과 업종에 투자한 사람들은 10배, 20배의 큰 수익을 냈다. 그리고 2010년부터는 FAANG이라고 하는 미국의 플랫폼 기업들에 투자한 사람들이 큰 부를 이루었다.

세상이 굴러가는 이치, 그 안에 시대 정신이 어떤 것인가를 파악해야 한다. 결국 그쪽에 많은 사회적 자본이 투자되고, 비용이 지출되면서 수많은 기회가 창출되기 때문이다.

다음 차트에서 몇몇 종목의 흐름을 한번 살펴보자.

하늘색 005930이 삼성전자 주가 차트다. 2007년도까지 별로 안 올랐다는 걸 볼 수 있다. 그냥 지수만큼 올랐다. 보라색 005380은 현대차다. 2007년도 이전까지 600% 가까이 올랐다. 분홍색 009540은

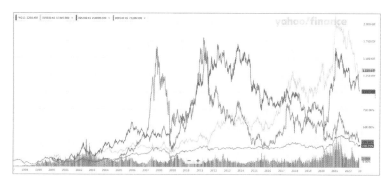

자료: yahoo finance

현재 한국 중공업이 된 한국 조선 해양이다. 지주사는 현대중공업이다. 2007년도까지 어마어마하게 올라간 것을 볼 수 있다.

2007년도까지의 상승장에서 주도주는 무엇인가? 조선주다. 다른 주식들도 오르고 지수도 오르는 시장이었지만, 2007년 이전까지는 조선주를 산 사람은 15~16배를 벌었다. 지수에 비해 엄청난 수익임에 틀림없다. 여기서 만약 1~2년 정도만 먼저 바닥권에서 투자했다면 코스피 지수가 60~70% 오르는 동안 조선주 투자자는 거의 7배가 오르는 주도주에 탑승 후 매우 큰 수익을 낼 수 있었을 것이다.

이런 종목을 고를 수 있으려면 바로 거시경제적 방향성을 먼저 알아야 한다. 2001년도부터 신흥국 주식 시장이 움직이기 시작한다. 이때 트리거trigger가 된 것은 WTO에 중국이 가입한 것이다. 2001년부터 2007년까지는 중국이 인프라 투자부터 시작해서 산업화를 가속화하는 시장이다. 그러면서 관련주들의 상승이 매우 가팔랐다.

그전까지 자유무역 세계에서 중국은 못 사는 공산국가였다. 그런데

1990년대 말에 소련이 붕괴하고 중국이 문호를 개방하면서 상황은 달라졌다. 거대한 내수 시장과 그에 반해 낙후된 인프라, 부족한 소비재 등 여러 면에서 사업적인 기회가 넘쳐나는 국가가 되었다. 이때 중국에게 필요한 건 조선, 철강, 화학, 플라스틱, 중장비 같은 중후장대重厚長大, 즉 무겁고 두껍고 길고 큰 산업이었다. 10년 동안 인프라를 투자해서 고속도로를 만들고 소비재 공장을 지었다. 그 물류를 감당하기 위해서 많은 배와 항만의 CAPA^{capacity}(생산능력) 증설이 필요했다.

그러면서 중국으로 한국의 현대자동차가 마구 팔려 나갔다. 또한 인프라에 투자하려면 철광석을 브라질, 호주 등지에서 사 와야 하고, 만들어서 다시 팔러 가야 하니까 배가 필요했다. 그 결과 우리 조선주들의 주가가 날아간 것이다. 본격적인 글로벌 경제의 분업화가 진행되는 시기였고, 공급사슬^{supply chain}에서 중국은 아주 중요한 자리를 차지하게 되었다. 이게 그 당시의 시대정신이었다.

그리고 나서 2009년 이후를 한번 보자. 현대차는 005380, 보라색이다. 조선주는 005930, 하늘색이다. 2007년도 이후에 현대차가 쭉 상승한다. 그다음에 2009년에 서브프라임 터졌다가 다시 자동차(보라색)와 조선(분홍색)이 끌고 간다.

삼성전자는 어떨까? 2012~2013년에 스마트폰 나오기 전까지 삼성전자는 잘 안 올랐다. 그래프를 보면 10년간 거의 안 올랐다는 걸 볼 수 있다. 주가가 횡보했다. 그러니까 삼성전자가 좋다고 하는 것은 지금에 와서 하는 말이다. 이때 5년 동안 삼성전자에 투자했다면 이 사람은 그냥 안 오르는 주식에 투자하고 있는 것이다.

2009년 이후 낙폭이 컸던 것 중에 자동차 주식이 중공업만큼 올랐다. 그러다 중국이 직접 자동차를 개발하기 시작하면서 국내 자동차 주식의 주가는 떨어지기 시작했다. 유럽이 2012년부터 중국에 자동차 산업 라인을 깔기 시작했다. 그러면서 한국의 자동차보다는 유럽 자동차가 중국에서 생산되고 더 잘 팔리기 시작한 것이다.

또한 이때 중국은 도시로 농민공들을 데려오는 정책, 다른 말로 도시화 정책을 진행했다. 그러면서 도시 소득이 늘어나면서 자동차가 널리 보급되기 시작하지만, 한편으로는 중국인들의 소득이 높아지면서 10년 만에 완전히 소비 선호가 바뀌어버린다. 가성비는 좋지만, 브랜드 파워가 약한 한국 자동차보다 고가이면서도 인지도가 강한 독일 혹은 미국 자동차들이 더 잘 팔려나가게 된다.

2008~2009년에는 애플이 스마트폰을 내기 시작하면서 세상이 바뀌기 시작했는데, 정작 삼성은 2011년까지 그 기술을 따라가지 못했다. 이때가 갤럭시가 막 태동한 때다. 그러다가 삼성전자의 스마트폰 점유율이 오르기 시작하면서 2016년이 될 때까지 딱 한 번 레벨업이 되었다. 그러다 스마트폰이 본격적으로 글로벌로 보급되고, 스마트폰에 꼭 필요한 소형 반도체와 스마트폰이 삼성전자의 실적을 끌어올리는 시기가 도래한다.

그런데 2016년에서 2017년으로 가면서 패턴이 완전히 달라진다.

또 한 번의 레벨업

2017~2018년부터는 클라우드가 보편화되기 시작했다. 통신 시장에

선 모바일에서 업로드 다운로드가 빠른 세상이 열렸다. 4G에서 5G로 넘어가기 시작한 것이다.

사회적 변화의 중심은 소셜네트워크 서비스다. 페이스북과 인스타그램 유튜브 등의 서비스가 개인들 사이에 아주 보편화되면서, 사람들의 욕구는 의외의 방향으로 튀었다. 그건 바로 스마트폰 카메라다. 사진이 더 선명하고 잘 찍히는 고화소 카메라의 기능을 사람들이 요구하게 된 것이다. 따라서 스마트폰 하드웨어 업체들은 발 빠르게 카메라의 성능을 업그레이드했다.

문제는 통신사에서 생기게 된다. 더 고화소의 화면이나 영상을 업로드 다운로드 하려면 통신사의 망 투자가 확대되어야 했던 것이다. 그래서 4G에서 5G로 빠르게 전환이 일어나게 된다. 이런 흐름이 전 세계로 퍼져 나가는 기간이 2016년에서 2017년이라고 보면 된다. 이때가 5G 점유율이 높아지는 시기다.

그러면서 빅테크 플랫폼 기업들은 최고급 사양의 반도체로 데이터센터에 투자하기 시작했고, 사람들은 더 나은 카메라를 장착한 스마트폰을 자주 교체하기 시작하면서 두 사업부를 모두 보유한 삼성전자 주가가 올라가기 시작했다.

거기에다 삼성전자의 지배구조 변경이 있었다. 삼성전자가 액면분할을 하면서 2015년까지 750% 정도 상승했던 주가가 2,000% 넘게 상승했다. 지수는 2.3배 올랐다. 한국 조선 해양과 한국 중공업은 300% 오르고, 현대차는 1,000% 오르고, 삼성전자는 1,300% 올랐다.

그러나 구간과 시대를 끊어보면 장기투자만이 능사가 아니라 그때그때 가장 시장을 선도하는 종목을 찾아야 한다는 결론에 이른다.

만약에 지금 조선주를 장기투자해서 들고 있다고 생각해보자. 아찔하다. 핵심은 그때의 시대적 흐름과 방향을 눈치챈다면 굉장히 큰 수익을 볼 수 있다는 것이다.

다음 그래프를 보자. 2017년에 삼성전자가 막 올라가기 시작할 때다. 네이버(하늘색)가 2013년부터 올라가기 시작하면서 장기 박스권을 만든다. 언제까지? 2020년까지, 그리고 2020년에서 2021년까지 급상승한다.

스마트폰이 보급되면서 2009년부터 삼성전자 주가가 사부작사부작 먼저 올라가더니 결국 3G에서 4G로 넘어가는 2013~2014년에 네이버 주가가 한 번 뛰어오른다. 그 이후 모바일이 보편화되고, 네이버 쇼핑이 수익을 크게 내기 시작하면서 2017년 이후에 레벨업이 한 번 더 나온다. 이게 바로 시대정신이다. 네이버는 이때 20년 전에 비해 60배 이상 올라간 주식이 되었다.

◆⋯⋯ **이익 성장. 카카오 10년 만에 매출 100만 배 성장**

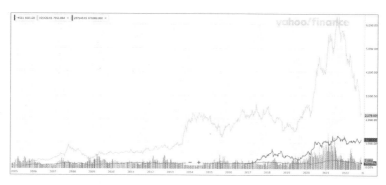

자료: yahoo finance

CHAPTER 2

종목 선택의 기준과
범위 설정

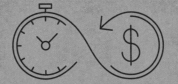

주도주를 어떻게 찾을 것인가?

매크로가 안정되고 시대 흐름을 읽어내면, 그다음에는 어떻게 해야 할까? 같은 업종 내에서도 어떤 것을 사야 할까?

경험상 주도주를 끌고 가는 대장주는 놓치는 경우가 많았다. 미리 준비하고 대비하고 있는 것이 다행히 주도주가 된다면 크게 수익을 낼 수도 있겠지만, 사실 증시에 자금이 움직이는 것은 굴뚝을 나온 연기가 하늘로 향하면서 그리는 궤적과 같다고 본다.

그렇지만 방법은 있다. 대장이 움직이면 후발이 따라 가게 되어 있다. 늦으면 그렇게라도 시작하면 된다. 다만 나중에 환승해야 한다. 쉽게 얘기해서, 시골에서 서울 가는 버스가 출발하는데 놓쳤다고 해보자. 그런데 불과 5분 10분 정도 출발했다고 치자. 그러면 택시를 타고 그 버스를 쫓아가서 잡아 타는 방법도 있다. 좀 거칠고 불안하겠지만 가능한 일이다.

PC에서 사용하던 네이버가 스마트폰 안에 들어왔는데, 3G에서 4G로 넘어가고 4G의 점유율이 높아지면서, 집에서 PC 대신 스마트폰으로 인터넷을 하기 시작했다. 그런 추세가 여실이 드러난 것이 바로 '실시간 검색'이다. 네이버라는 회사의 파워가 실시간 검색 순위에서 나오기 시작했다. 네이버의 지배력이 확산된 시기다.

이런 세세한 변화에 관심을 두고, 시나브로 변해가는 세상을 꿰뚫는 눈이 있다면, 아마 투자자로 혹은 투자전문가로 대성할 수 있을 것이다. 그런데 사실 보통 사람들은 이런 것들을 눈치 채기 매우 어렵고, 굳이 신경을 쓰기에는 일상이 너무 바쁘다.

결국 우리는 어떤 다른 방법을 찾아야만 한다. 남들보다 빠른 1타로 들어갈 수는 없지만, 조금 늦게라도 추세에 올라타는 방법이 없을까?

매출액 영업이익 추세에 배팅하면 크게 실패하지 않는다

그 방법은 재무제표에 있다. 재무제표는 후행이다. 실제로 주가는 미리 반영하는 경향이 있다. 그런데 이것도 추세로 분석해보면 그런 단점이 보완이 된다. 매출액과 영업이익이 꾸준하게 늘어나는 종목을 찾아내는 것이 먼저 할 일이다. 그리고 혹시 그 종목이 속한 업종에 다른 기업들이 있다면, 그 업종 내 종목들도 비슷한 방법으로 분석해

보면 좋다.

체크해볼 것은 여러 가지가 있겠지만, 몇 가지만 얘기하면 매출/영업이익 증가율이 증가해야 좋다. 증가율이 증가해야 한다는 건, 그냥 늘어나기만 하는 게 아니라 늘어나는 속도에 가속도가 붙어야 한다는 것이다.

만약에 매출이 바로 늘지 않는 산업의 경우, 매출을 늘릴 수 있는 조건들이 선제적으로 늘어나면 좋다. 제조업 중 성장 산업이 CAPEX Capital Expenditures(자본적 지출) 투자가 증가한다거나 플랫폼 기업의 사용자의 트래픽이 늘어날 경우 향후 매출로 이어질 가능성이 커지기 때문에 면밀히 관찰하고 추적해야 한다.

카카오는 10년 만에 매출이 100만 배 성장했다. 매출이 없었다가 늘어난 것이다. 그러나 카카오는 국민 대표 메신저로 산업 곳곳에서 매출로 연결할 수 있는 잠재적 가능성을 엄청 키우고 있었다. 눈에 보이는 매출이 없을 때에도 회사의 가치는 분명히 성장하고 있었다. 카카오의 많은 계열사들이 시장 점유율을 확보한 이후 카카오뱅크, 카카오 게임 등으로 분할 상장했고, 엄청난 합산 시가 총액을 자랑하고 있다.

다음 페이지에서 네이버의 주가를 보자. 2006년, 2007년, 2008년에 주가가 굉장히 많이 올라갔다. 1,000% 가까이 올라갔으니 2005년 이후 3년 만에 10배가 올랐다. 네이버가 2006년에서 2008년에 어떤 공시들을 냈는지 한번 살펴보자. 재무제표나 공시가 발표나는 날에는 선 반영되고 주가의 단기 방향은 달라질 수가 있을 것이다. 그런데 그 당시 공시를 보자. 직전 사업연도 대비 단기 순이익이 30% 이상 증가

◆······ 네이버의 2006~2008년 직전사업연도대비 당기순이익 증감률과 주요 원인

사업연도		구분	주요 원인
2008	제10기	당기순이익 30% 이상 증가	매출의 증가에 따른 이익의 증가
2007	제9기	당기순이익 30% 이상 증가	매출의 증가에 따른 이익의 증가
2006	제8기	당기순이익 30% 이상 증가	직전사업연도의 중국사업 영업권 일시 상각 효과 소멸로 당기순이익 증가

자료: 금융감독원 전자공시시스템

◆······ 네이버 2006~2015년 주가 흐름

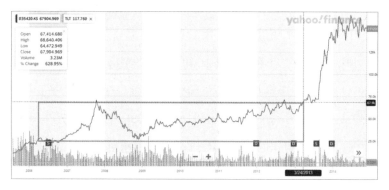

자료: yahoo finance

하는 주요 원인이 나와 있다. 2006년, 2007년, 2008년에 다 30% 이상 증가한 당기 순이익과 왜 그렇게 될 수밖에 없었는지에 대한 자세한 설명까지 간단하지만 적혀 있다. 매출의 증가에 따른 이익 증가. 아주 멋있는 공시다.

하늘색 박스를 보자. 2007년까지 주가가 올랐는데, 2008년 서브프라임 위기가 터지면서 주가는 다시 제자리로 내려왔다. 그러다가

결국 2015년 고점까지 가는데 7년이라는 시간이 걸렸다.

여기서 두 가지 사실을 알아야 한다. 주가를 보면, 2005년부터 매출과 이익 성장이 나오는 3개년 동안 많이 올랐다는 것이다. 매출과 이익 성장이 2005년에도 공시가 났다. 2006년에도 공시가 났다. 이 것을 선 반영했나? 아니면 추세 반영을 하고 있나?

그리고 또 한 가지 주목할 것은 어떤 큰 위기가 왔을 때, 주가가 폭락할 때 매출과 이익이 지켜지는 업종이나 종목은 받아서 사면 주가는 크게 상승하게 된다는 것이다. 이때가 엄청난 기회라는 것이다.

네이버는 2020년 팬데믹이 터지고 수혜주로 각광받게 되면서 멀티플이 아주 높이 올라갔다. 그에 따라 주가는 45만 원 근처까지 폭등하게 된다. 2006년 평균 주가는 2만 5천 원 수준이었다. 공시로 다 알려줬는데, 그때의 주가가 비록 조금 올라와 있어도, 추세로 보면, 좋은 투자 기회를 알려주는 정보였음에 틀림없다. 공시 자료는 여전히 매우 좋은 정보 라인이다. 공시와 친해져야 한다.

다시 한번 강조하지만, 뭔가 색다른 정보를 받아 보거나 큰 인사이트가 없다고 해도, 꾸준하게 재무제표에 이런 공시들이 뜨는 것을 금융감독원 전자공시 시스템에서 확인만 해준다고 해도 향후 주도주가 될 수 있는 좋은 주식을 알아보는 데는 전혀 문제가 없다.

'아, 이런 기업들이 돈을 버는구나, 이게 시대정신이구나. 이런 종목이 앞으로 잘될 가능성이 있구나'라고 하면서 리스트를 만들어갈 수 있다. 만약 그런 종목들의 공통점이 보인다면, 그것은 혹시라도 시대정신이 아닌가를 질문해보면 된다. 그렇게 모아서 생각하고 뒤늦게 알아챈다고 해도, 충분히 주도주나 주도 업종을 찾아낼 수 있다.

그런 종목이 어떤 이유에서 싼 가격대로 들어올 때 매수를 할 수 있어야 하는데, 만약에 그렇게 하는 사람이 있다면 미리 준비가 되어 있거나 미리 준비된 사람 곁에 있는 사람일 것이다.

종목들의 재무제표를 꾸준하게 추적 관찰하는 것은 매우 현명한 전략이라고 생각한다. 그리고 그것을 기록으로 남겨 리스트를 적성 해두면 도움이 될 거라고 생각한다.

만약에 이런 것을 하기가 너무 힘들다면, 그냥 대기업들이 하는 사업과 비즈니스만 잘 보면 된다. 삼성이 메모리 반도체에 집중하다가 이제 비메모리 반도체에 힘을 쓴다면? 그럼 비메모리 종목이 잘될 종목이다. 자동차, 전장 부품, 전기 장비, 전자, 전장 부품이 잘될 거라는 뜻이다. 대기업들의 포트폴리오 중에서 성장이 나오는 것만 따라다니면서 투자하면 큰 실수는 없을 것이다. 대기업의 주식을 사라는 말이 아니라, 대기업이 선정한 포트폴리오를 따라가라는 말이다. 바이오, 비메모리, 2차전지, OLED 등등 산업 전망이나 그 전망을 뒷받침할 실질적인 실행력을 갖고 있는 대기업들의 의사결정을 믿어 보는 것도 나쁘지는 않다. 자신에게 선구안이 없다면 말이다.

종목 선택의 기준

그렇다면, 매출액과 이익이 증가하고, 업종이 선택된 상황이라면, 그 중에서 어떤 종목을 사는 것이 가장 합리적인 선택일까? 정답은 없지만, 몇 가지만 얘기해볼까 한다.

첫째, 시장과 소통하는가를 잘 봐야 한다. 돈은 매우 잘 버는 회사가 있는데, 기업 IR도 하지 않고, 리포트도 찾기 어렵다. 그런 회사들은 돈을 번다고 해도 대주주만 좋지 투자자들은 안 좋을 가능성이 매우 크다.

둘째, 유상증자를 빈번이 하는 회사는 피하는 것이 좋다. 유상증자는 습관이다. 사업의 구조가 경기민감주거나 레버리지가 축소되고 확장되는 폭이 커서 태생적으로 유상증자를 해야 하는 기업들이 있을 수도 있다. 되도록이면, 10년치 공시 자료 중에서 유상증자 내역을 한번쯤 검색해볼 것을 권한다.

셋째, 매출/영업이익 예상치를 항상 웃도는 기업이 좋다. 반대로 여의도나 리포트에 매출이나 이익 전망을 내놓고 연말에 그것을 지키지 못하는 회사를 잘 살펴봐야 한다. 한마디로 과장이 심한 회사들이 있다. 약속을 못 지키는 회사는 믿고 거르면 된다.

넷째, 영업이익률이 안정적인 회사가 좋다. 영업이익률이 너무 높으면, 경쟁업체가 생기기 쉽기 때문에 높은 이익률보다는 꾸준하게 몇 년간 이익률이 지켜지는 회사를 투자하는 것이 주도주를 찾는 데 도움이 될 것이다.

재무제표를 통해 종목 고르기

다음 페이지에서 〈매출액〉 표를 보자. A라는 기업과 B라는 기업의 재무제표다. 업종은 똑같다. 2017년에서 2020년까지를 보면 A라는 기업은 매출액이 4,435억 원에서 5,158억 원까지 700억 정도 증가했다. 3년간 15% 정도 증가한 것이다. 그런데 B라는 기업을 보면 3,388억 원에서 6,222억 원까지 거의 2배 증가했다.

주가는 어느 기업이 더 상승할까? 시작하는 2017년에는 A의 매출액이 4,435억 원으로 B의 매출액 3,388억 원보다 1천억 원이 더 크다. 그런데 2020년에는 매출액이 뒤집혔다. A는 5,158억 원, B는 6,222억 원으로, B가 1천억 원을 앞섰다. 그리고 영업이익을 보면 A는 2017년에 320억 원이었는데 B는 200억 원도 안 됐다. 그러니까 영업이익이 A가 더 좋았으니 주가도 A가 더 좋았을 것이다.

그런데 2017년 이후에 B는 411억 원, A는 477억 원으로 영업이익이 거의 비슷해졌다. 성장률로 보면 B 종목이 더 빨리 뛰었다는 것

◆······ **매출액**

구분	주요 재무정보	연간(IFRS 별도, 단위: 억 원)				
		2017년 12월	2018년 12월	2019년 12월	2020년 12월	2021년 12월
A	매출액	4,435	4,835	4,813	5,158	5,982
	영업이익	320	380	411	477	531
	영업이익 (발표기준)	320	380	411	477	531
B	매출액	3,388	4,245	4,645	6,222	7,409
	영업이익	197	236	335	411	439
	영업이익 (발표기준)	197	236	335	411	439

※ 영업이익이 성장하는 기업에만 초점을 맞추자. 만년 1등보다 뒤처져 있다가 1등으로 올라오는 기업이 낫다.

이다. 주가는 어떤 종목이 먼저 더 많이 뛰었을까? 이 기간 동안 A 종목과 B 종목의 주가 수익률 차이는 무려 세 배 차이가 난다. 그러니까 단순하게 'PER가 더 낮다, 이익이 누가 더 잘 난다, 시장점유율이 높다'가 아니라 A라는 기업의 시장이 B라는 기업한테 뺏기고 있다는 것이 주가에 더 중요한 변수가 되었다는 것이다. 뒤에 있다가 앞으로 추월하는 종목들이 주가가 더 빨리 간다. 그러니까 성장률에 초점을 맞춰야 한다. 단순히 PER나 PBR로 주식을 하면 안 되는 이유다.

주식 투자를 하다 보면, 가슴이 설레는 주식들이 있다. 나라는 뺏겨도 이 주식은 뺏기지 않고 싶을 정도의 컨빅션conviction (확신)이 생기는 때도 있다. 그런데 실제로 그런 확신은 어딘가에서 귀하게 구한 정보가 아니라 누구나 볼 수 있고 느낄 수 있는 데이터로부터 나오는 경우가 많다. 투자자들 중에는 투자 정보에 대한 갈급함이 있는 사람도 있을 것이다. 그렇다면 심플하게 접근하자. 성장하는 산업은 무엇인가를 재무제표를 보고 찾고, 그 산업 중에서 어떤 기업이 제일 많이 성장하는가에 대해서 생각해보고 조사해보자. 그러면 앞으로 주도주가 될 종목들이 눈에 들어오게 될 것이다.

CHAPTER 3

트레이딩의
두 갈래 길

어떻게 사고팔 것인가?

주도 업종과 주도주를 찾아서 리스트까지 작성했다고 하면, 이제 그것을 사야 한다. 이때 분명히 구분해야 할 것이 있다. 좋은 주식을 발견하는 작업과 그것을 매매해서 좋은 수익을 내는 작업은 매우 다른 종류의 일이라는 것이다. 똑같은 소고기라고 해서 모든 요리사가 같은 요리를 할 수는 없는 것 아닌가? 그러니 같은 종목일지라도 어떻게 투자할지 그 방법을 고민할 필요가 있다.

좋은 회사와 좋은 주식은 엄연히 다르다. 장기투자에 좋은 주식과 단기 투자자를 설레게 하는 주식은 다를 수밖에 없다. 앞서 내가 설명한 방법은 일종의 추세 매매 전략인데, 그 근간은 기본적 분석에 기반을 두고 종목과 업종을 선택하는 것이다. 그런 종목들도 1~2년을 짧게 놓고 봐도 변동 폭이 상당하므로 좋은 가격에 매수를 해서 장기적으로 보유하는 것이 좋다. 그런데 이걸 알면서도 막상 그렇게 하기 어렵다.

마지막 단계인 매매에 관하여 설명하기 이전에 분명히 일러둘 것이 있다. 트레이딩을 통한 수익 극대화가 이 책의 목표는 아니라는 점이다. 앞서 말한 좋은 업종, 종목을 추세 매매하는 데 적절한 방법을 알려주는 것이 이 책의 목표다. 많은 방법이 있지만 여기서는 내가 선호하는 두 가지 방법을 설명하고자 한다.

간단하게 요약하면, 남들이 알아줄 때 조금 비싸게 같이 따라붙거나, 남들이 몰라보는데 나만 알아볼 때 싸게 사놓고 기다리는 것, 두 가지다. 아무리 좋은 주식이라도, 아무리 위대한 기업이라도 비싸게 사면 소용없는 일이다. 어차피 우리나라 증권 시장의 토양이 몇 년 몇십 년 투자하면서 길게 갖고 가긴 매우 어려운 시장이기 때문이다. 증권 시장에 그런 종목들이 있을 수는 있지만, 우리 사회가 매우 불안정하기 때문에 소득이나 재정 상태의 변동성이 매우 클 수밖에 없고, 그에 따라 주식 투자 자금을 빼고 넣고 하는 것이 다른 나라에 비해 빈번할 수밖에 없다.

그렇기 때문에 좋은 업종과 종목을 선정했다고 하면, 이익을 극대화하기 위해 좋은 트레이딩 전략을 사용하는 것이 필요하다. 그리고 주도주가 본격적으로 시세를 품는 상황이거나 주도주가 될 가능성이 있는 종목이 매우 싸게 거래될 때, 크게 잃지는 않으면서 수익을 기대할 수 있는 자리에서 거래를 성사시켜야 한다.

주식이 많이 올라가는 것도 중요하지만 안전하게 많이 올라가는 것도 중요하다. 그러려면 애초에 마음 편히 투자할 수 있는 투자 대상을 골라야 한다. 이게 핵심이다. 사람하고 주식은 고쳐 쓰는 것이 아니다. 어떻게 하면 우리가 그걸 할 수 있을까?

한 가지 방법의 예를 들어보고자 한다. 매출액과 영업이익 증가율의 추세를 잘 보면서, 매년 혹은 매 분기별 자료를 검토해보고 종목을 선택한다. 재무제표를 봤더니 어떤 업종의 기업들의 영업이익이 계속 좋아진다고 해보자. 그 중에서 A라고 하는 주식이 가장 성장도 잘하고 재무적으로 안정되고 그 업계에서 1등이라면 그 주식이 주도주가 될 가능성이 상당히 크다. 그 주식을 꾸준히 관찰해본다.

이제 중요한 것은 언제 사야 할지를 결정하는 것이다. 거시경제가 사라는 신호를 준다고 가정해보자. 그런데 주가는 올라갔다 내려갔다 한다. 경제가 좋아도, 경제 말고도 다른 여러 가지 이유가 복잡하게 얽혀서 주가가 결정되기 때문이다. 펀드 환매가 되거나 펀드매니저가 교체되면서 보유 종목이 좋고 나쁘고를 떠나 갑자기 매도를 할 때가 있다.

그러니 기관들이나 외국인이 매수 매도를 한다고 해서 맹목적으로 그 수급을 따라 가는 것은 어리석은 일이라고 할 수 있다. 무슨 이벤트가 터져서 주가가 빠질 확률이 있다거나, 분기별로 실적이 다 좋을 거라고 했는데 비용이 갑자기 증가하고 사업이 갑자기 조금 영향이 있어서 생각보다 안 좋아졌거나 하면 기관투자자들은 다 팔아버린다.

그러면 여기서 오히려 사줘야 한다. 내릴 때 사줘야 하는 종목이 바로 주도주다. 그럴 정도의 신뢰가 있어야 한다. 펀드매니저가 늘 옳은 선택을 한다거나 외국인들의 매수 매도가 찍힌다고 해서 그것이 꼭 장기적으로 주가가 올라가거나 내리는 직접적인 원인이 되지는 않는다. 반대로 주도주가 아니라면 올라갈 때 팔아주면 되는 것이다.

주가는 늘 변동하게 마련이다. 그럴 때마다 사람들은 본능적으로 그 불안한 심리를 해소하고자 한다. 그럴 때마다 무엇인가 의존하고 싶어하고 주식의 비중을 늘리고 줄이고 하면서 불안을 해소하려고 한다. 그리고 그것이 왜 합리적인지를 후행적인 차트나 보조 지표 혹은 기관 외국인 매매 동향을 근거로 들어 설명하려고 하는 경향이 있다.

꼭 주식이 내릴 때만 불안한 게 아니다. 내게 없는 주식이 올라가거나 비중을 줄여났는데 지수가 급등하게 될 때는 더 무섭고 힘들다. 배고픈 것은 참아도 배아픈 것은 못 참는다고 하지 않는가!

역으로 지수가 하락할 때는 "아 이것은 엄청난 기회다"라고 좋아해야 한다. 반대로 상승할 때는 "그거 아니어도 또 있다"라며 기다릴 수 있으면 더 좋다. 그렇게 하려면, 뭔가 선행적이고 안정감 있는 지표와 기준이 있어야 한다.

통계적으로 가장 합리적인 것은 '미래 실적'이다. 실적과 주가는 80% 이상의 확률로 일치하는 것으로 나온다. 그럼 미래 실적은 어떻게 알 수 있을까? 지수가 빠지거나 불경기에 진입할 때는 아무리 좋은 주식들도 하락하게 마련이다.

시장, 업종, 실적에 대해 컨빅션이 있다고 하면, 추세적인 우상향을 보고 주가가 빠질 때 바닥권에서 차분히 매수해주는 것이 필요하다. 그 방법은 뒤의 트레이딩 방법에서 설명해보겠다.

CHAPTER 4

MVP 투자 기법

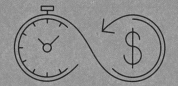

상승의 모멘텀을 느끼며 투자하라

MVP 투자법은 모멘텀 밸류 프라이스Momentum Value Price의 앞 글자를 따서 지은 것이다. 이는 가격(P)과 가치(V)의 괴리에서 주가가 움직일 수 있는 동인(M)이 생기게 되면 그것을 이용하여 주식 투자를 하는 방법이다.

"주식이 싸다"라는 말은 어떨 때 할 수 있을까? 앞으로 더 올라갈 수 있으면 하는 것이다. 싼 상태로 10년 20년을 가는 주식을 싸다고 표현하는 기준은 무엇인가! PER 1배짜리, PBR 0.1배짜리 주식들은 시장 평균인 PER 10배나 PBR 0.9배까지 가지 못한다. 그런데 자산 재평가나 신규사업 진출 등의 사업 확장 모멘텀이 붙으면 멀티플이 상승하는 경향이 있다.

결국 더 올라갈 가치가 있어야 하고, 그것에 비해 시장에서 거래

되는 가격이 낮아야 한다. 그리고 무엇보다 주가를 끌어 올릴 동력이 충분하다면, 그것이 단기적으로 차트를 세워놓았거나 혹은 그 반대가 된다고 해도 중심을 잡고 움직여야 할 것이다.

세팅을 마쳤다면 쏘는 일만 남았다

지금까지 우리는 거시경제를 알아봤고 좋은 업종을 선택했고 종목까지 골랐다. 이것을 세팅setting, 즉 준비라고 하자. 이제 모든 준비가 완료됐다. 그러면 이제 돈을 쏘는 일만 남았다. 트레이딩 과정만이 남은 것이다.

이제는 어느 가격에 맞춰서 쏘느냐 하는 문제가 중요하다. 기술적으로 하는 방법이 있으나, 하루 종일 붙어서 주식을 매매할 수 있는 전문 투자자나 전업 투자자의 관점이 아닌, 바쁜 일상을 보내면서 투자를 투잡second job 으로 하는 투자자나 직장인들을 기준으로 삼아 말하고 싶다.

앞에서도 설명했지만, 매매를 많이 하는 것이 이득이라고 생각하는 것은 수학적으로도 맞지 않고, 그저 심리적인 도피처일 뿐이다.

다음 표를 보자. 내가 개인적으로 만들어 보관하고 갖고 다니는 자료다. PER(H)igh와 PER(L)ow가 있다. 이것은 5년 PER의 고점과 저점을 기록해놓은 것이다.

PER, PBR, PSR은 상대적 가치평가 모델이라고 한다. 표적으로 보면 이동 표적 정도 된다. 고정 표적을 쏘는 것과 이동 표적을 쏘는

◆ ······ PER, PBR 기준 주가 레인지 설정

종목명	PER(H)	PER(L)	PER(22)	PER P(H)	PER P(L)	현재가	PER gap	시총	매출	PSR(22F)	PSR(H)	PSR(L)	PSR P(H)	PSR P(L)	PSR gap
NHN한국사이버결제	56.49	35.47	13.88	50,065	31,436	12,300	155.58%	4,940	8,614	0.57	2.19	1.37	46,971	29,384	138.09%
더존비즈온	68.25	42.48	20.30	111,285	69,265	33,100	109.28%	10,057	3,278	3.07	11.34	7.06	122,357	76,126	130.14%
서진시스템	24.05	15.35	6.64	50,695	31,315	13,550	131.11%	5,092	10,764	0.47	1.50	0.98	45,253	28,086	107.15%
크래프톤	49.54	35.47	17.30	697,110	499,122	243,500	104.98%	119,490	22,209	5.38	13.4	9.59	606,460	434,026	78.24%
이노와이어리스	28.22	16.04	11.45	69,597	39,550	28,250	40.03%	1,903	1,238	1.54	4.72	2.68	66,746	49,294	74.35%
인프로스	23.47	16.5	10.73	34,228	24,063	15,650	53.76%	2,010	575	3.50	8.55	6.02	30,279	26,952	72.22%
명신산업	56.02	28.99	14.00	80,848	41,839	20,200	107.12%	10,599	13,384	0.79	2.29	1.19	58,411	30,363	50.26%
씨에스윈드	57.99	35.62	40.47	93,709	57,560	65,400	-11.99%	27,580	16,367	1.69	3.19	1.96	123,006	76,059	16.31%
컬비세라믹	21.4	15.61	7.83	24,307	17,731	8,800	99.44%	3,892	5,782	0.67	1.4	1.02	18,406	13,489	51.50%
디앤씨미디어	43.08	27.68	20.59	41,641	26,755	19,000	34.45%	2,443	734	3.33	9.59	6.16	97,305	36,009	84.97%
지뉴스	33.65	21.26	8.66	175,852	110,977	45,200	145.52%	7,769	13,313	0.59	1.49	0.94	115,108	72,610	60.66%
푸론	110.59	61.57	19.46	171,896	95,701	30,250	216.37%	3,053	721	4.24	12.64	7.04	90,265	50,274	66.20%
DB하이텍	10.93	6.98	3.44	137,533	87,830	43,300	102.84%	19,317	16,832	1.15	2.70	1.70	104,880	67,359	55.10%
LG화학	21.93	13.12	14.99	906,769	542,490	620,000	-12.50%	437,673	499,815	0.88	1.88	1.12	1,331,096	792,993	27.90%
CJ ENM	21.42	15.22	10.18	198,112	140,768	94,200	49.44%	20,657	42,344	0.49	1.1	0.78	212,404	150,614	59.09%
교촌에프앤비	18.29	13.31	8.70	23,660	17,218	11,250	53.05%	2,811	5,580	0.50	1.08	0.78	24,121	17,471	54.05%
에코마케팅	36.38	19.19	11.00	51,612	27,224	15,600	74.52%	5,038	3,329	1.51	4.35	2.29	44,839	23,605	51.31%
키다리스튜디오	164.54	82.62	38.26	38,659	19,412	8,990	115.93%	3,289	1,989	1.65	4.9	2.46	26,943	13,376	48.70%
삼성SDI	49.16	36.22	24.96	1,155,937	851,669	587,000	45.09%	408,396	185,793	2.20	4.03	2.97	1,076,192	793,124	35.11%
휴진테크	20.79	12.64	7.10	78,914	47,979	26,950	78.03%	6,176	4,202	1.47	3.76	2.3	69,312	42,174	56.49%
인선이엔티	27.47	18.07	13.46	19,037	13,077	9,330	40.16%	4,344	2,790	1.56	2.78	1.91	16,657	11,444	22.66%
디오	29.98	17.46	10.00	66,070	38,456	23,800	61.58%	3,760	1,810	2.09	5.31	3.09	60,500	36,286	47.93%
P/카오	54.12	25.19	59.23	68,352	31,814	74,800	-57.47%	332,972	77,041	4.32	11.94	5.56	206,643	96,228	20.64%
덕산하이메탈	14.65	8.13	8.46	11,918	6,614	6,800	-3.87%	3,126	1,647	1.90	4.7	2.61	17,031	9,458	32.47%
터크통	30.98	20.1	6.07	37,459	24,304	7,340	231.11%	2,742	3,131	0.88	2.11	1.37	17,685	11,482	56.44%
원익IPS	19.72	11.84	8.49	63,683	38,356	27,500	39.48%	13,498	13,530	1.00	2.28	1.37	62,849	37,764	37.33%
SFA반도체	30.4	17.13	10.54	14,482	8,160	5,020	62.56%	8,256	8,023	1.03	2.5	1.41	12,196	6,875	37.92%
SK바이오팜	35.83	21.47	6.77	43,483	26,056	8,220	216.98%	3,887	12,675	0.31	0.68	0.41	18,227	10,990	33.70%
덜오티베품	17.22	11.15	6.74	29,006	18,782	11,350	65.48%	2,021	3,406	0.59	1.27	0.82	24,284	15,679	38.14%
평균	57.73	28.11	22.43	311,447	151,650	121,000	25.33%	14,986	2,822	5.31	13.39	6.52	305,088	148,557	22.77%

※ 매출액과 영업이익은 추세, 가격은 변동 그 과정에서 투자의 좋은 기회가 나오게 된다.

것은 느낌이 많이 다를 것이다. 그래서 이런 상대적 가치평가 모델을 실전에 사용할 때는 숫자 자체에 집착하거나 지난 통계값만으로 주가를 판단하면 오류가 생기게 마련이다.

따라서 이것을 업종 내의 다른 종목들과 비교하고 글로벌 동종기업peer과 비교하기도 한다. 그리고 시장 전체의 그것과 비교한다. 예를 들어 어떤 업종의 PER이 20배라고 하면, 과연 코스피 전체 PER 10배와 비교하여 그럴 만한 가치가 있는지 평가해보는 것이고, 그 업종 내에서 종목 별로 PER이 낮거나 높을 텐데, 그럴 만한 이유가 있는지 비교하곤 한다.

그런데 어떤 업종이 주도 업종이 되거나 쇠락할 때는 비교적 빠르게 멀티플이 조정된다. 그래서 역사적으로 PER의 스프레드를 보기도 한다. 예전에는 코스피 수준의 10배 멀티플을 받았었는데 시간이 지나면서 12배, 14배, 이런 식으로 늘어날 수 있다. 이런 업종이나 종목은 아주 좋은 투자처가 될 것이다.

다시 앞의 시트를 보면, 2022년에 PER(22)이 얼마고 PSR(22)이 얼마인지 PSR(H)igh와 PSR(L)ow로 다 기록되어 있다. 그 과정을 잘 보면, 2020년에는 팬데믹도 있었고 2021년에는 유동성으로 인한 과열 국면도 비교적 짧은 기간에 있었다. 즉 PER 밴드의 저점과 고점이 단 3년 안에 다 나타난 것이다. 그러면 그 지점이 엄청 중요한 비교점이 된다.

예를 들어 경기침체가 앞으로 오게 될 것이라고 예상된다면, 최근에 가장 유사한 경제적 흐름을 보였던 2018년 긴축 시점이나 2020년 팬데믹으로 주가가 급락했던 지점의 PER, PSR을 기준으로 삼으면 된다. 어차피 이익 추정치는 우리가 정확히 알 수 없는 변수다. 그것은 업종과 공시 자료를 통해서 확보하고, 일정 수준으로 할인하거나 평균을 내서 사용하면 된다.

예를 들어 전문가들이 A라는 기업의 이익을 예상할 때 평균이 200억 원을 잡았다고 하면, 그냥 10% 깎아서 사용해도 결과가 크게 다르지 않다는 것이다. 그런 값에 PER이 2018년 10배까지 빠졌다고 하면, 시가 총액은 1,800억 정도를 목표로 삼고 그 근처에서 매수하면 되는 것이다.

내 글을 읽으면서 너무 두루뭉술하다고 생각할지 모르겠지만 이

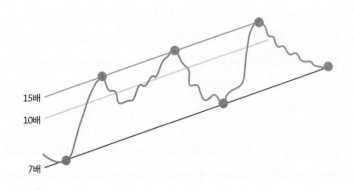

렇게 했을 때 마음도 편하고 돈도 잘 벌린다. 2,000개 종목을 분석하면 한 분기 내에 그런 종목들과 업종을 분명히 찾을 수 있다. 그러고 나서 좋은 가격에 들어오고 들어오지 않는 것은 시간을 두고 관찰해야 하는 것이다.

　PER 밴드를 15배, 10배, 7배로 그려보면, 주가는 15배 고점과 7배 사이를 왔다갔다 한다. 연도별로 이익이나 시장 유동성이 변한다고 하더라도, 이 회사의 PER은 최저 7배 이하로는 떨어지지 않는다는 것을 눈으로 확인할 수 있다.

　다른 말로 하면 이익은 변할 수 있지만, 그 주식이 받는 멀티플의 경우에는 최악의 상황이나 최고로 고평가된 시장을 기준으로 한다면 매우 유의미한 기준점을 찾게 된다는 것이다. 시총이 변하고 주식 가격이 변하고 이익이 변하지만, 멀티플의 기준만 어느 정도 찾는다면 적어도 기댈 곳은 마련이 된다고 볼 수 있다. 이익이 100억 원 나서 시가 총액의 7배면 700억 원이다. 그런데 이때 되면 이익이 150억 원이 났다. 그러니까 7배면 [700억 원+350억 원=1,050억 원]이 되는 것이다. 1,050억 원일 때와 700억 원일 때는 주식을 트레이딩하는 입장에서는 가장 저점이고, 똑같이 멀티플의 저점에서 잡는 것이 된다.

'옛날에 주가가 시가 총액 700억 원 대가 제일 저점이었으니까 거기까지 내려가겠지'라고 하면 안 된다. 1050억 원이 몇 년 전에 700억 원과 같은 가격이다. 이익이 늘어났기 때문이다.

우리는 성장하는 영업이익과 매출액이 성장하는 기업에만 투자하기 위해 시간이 갈수록 우상향 하는 채널을 가지고 있는 그 주식들만 매매하겠다고 이미 세팅을 했다. 결국 역사적으로 한국 시장에서 사람들이 사고 파는 과정에서 나타나는 매매의 평균과 정규 분포는 PER의 범위를 만들어내게 된다. 그것만 관찰해서 쥐고 있으면 투자에 큰 도움이 될 것이다.

그 과정에서 예를 들면, 8배에서는 저점이고 15배가 되면 고점을 찍고 내려오는 것을 발견할 것이다. 그 주식에 대해 남은 것은 경제 상황과 업황을 보면서 이익만 잘 추정하고, 보수적으로 수치를 조정해나가다가 시장의 변동에 의해 좋은 가격이 주어질 때, 즉 V와 P가 벌어질 때 사면 된다. 그럼 적어도 밑으로 더 빠지면서 고생하는 것을 피할 수 있다.

다만 그렇다고 올라간다는 보장이 있는 것은 아니다. 그러니 모멘텀으로 어떤 것이 나올 수 있을지 파악해야만 MVP 매매 방법이 완성되는 것이다. 정보만 듣고 밸류가 없는 주식을 사거나 밸류가 있기는 해도 이미 가격이 그 근처에 있다고 하면 위험하기 짝이 없는 거래가 되는 것이다. 주식 시장을 지켜보다 보면 시장의 흐름은 돌고 돈다는 것을 알게 될 것이다. 그렇게 시가 총액은 시간이 지나면서 커지거나 작아지게 된다.

앞의 예에서는 언제 사야 할까? 최고로 안전할 때는 7배에 사는 것이고 최고로 위험할 때는 15배에 파는 것이다. 15배에서는 아무리 좋은 뉴스가 나오고 아무리 희망적이고 아무리 거시경제가 좋아도 15배 접점에서는 팔아버리는 것이 MVP 투자의 방법이다. PER과 PBR의 역사를 보고 트레이딩을 붙이면 장기적으로 추세적으로 성장하는 기업들이 거시경제 이슈나 불황으로 인해 어려울 때 주식을 비중을 늘려 크게 사놓고 발 뻗고 자면 시간이 지나 주가가 상승하는 걸 볼 수 있다. 결국 마음이 불편하지도 않고, 투자를 안전하게 갖고 갈 수도 있다.

MVP 투자법을 사용할 때 주의할 점

MVP에서 먼저 가치value에 대해 먼저 말해본다면, 이 가치라는 말은 추상명사다. 가치는 눈에 보이지 않는다. 이 종이의 가치가 얼마인가? 그 옆에 있는 펜의 가치는 얼마인가? 펜이 없으면 쓸 수가 없다. 그러면 종이도 필요가 없어진다. 자, 그럼 종이와 펜 중 어느 것이 더 가치 있는가?

가치 판단이라고 하는 것은 사람마다 시대마다 상황마다 다르다.

그만큼 애매모호한 것이다. 그러니까 '얼마의 가치가 있느냐'가 아니라 '얼마의 가치로 추정 하느냐'를 찾아가는 것, 그 가치를 찾아가는 시스템이 바로 증권 시장의 거래 시스템이다. 따라서 이 분석법을 이용할 때 투자자는 상당 기간 관찰할 필요가 있다. 그리고 데이터 축적 기간이 길어야 실수를 줄일 수 있다.

이 방법의 단점은 유동성 장세에서는 멀티플이 매우 높은 수준으로 올라가기 때문에 일찍 팔아버릴 수가 있고, 너무 저점을 잡으려고 기다리다가 큰 시세를 못 먹을 가능성은 있다는 것이다. 10년 정도에 한 번은 그렇게 될 가능성에 대해 고민해봐야 한다.

나는 개인투자자들이 전문가처럼 단기적 수익률 경쟁에 뛰어들 이유가 전혀 없다고 생각한다. 또 전문가가 가진 여러 좋은 정보에 대해서도 크게 신경 쓰지 않아도 된다고 생각한다.

골리앗과 다윗의 얘기를 알 것이다. 다윗이 골리앗하고 싸워서 이길 때 사용한 도구는 그냥 돌맹이었다. 좋은 갑옷과 칼과 방패는 작은 다윗에게는 오히려 걸림돌이었다. 그런데 왜 하필 막대기가 아니고 돌맹이었을까? 짐작하건데, 목동인 다윗은 늑대나 이리, 곰 같은 짐승과 상대할 일이 많았을 것이다. 그럴 때 가장 좋은 도구는 땅에 있는 돌맹이를 집어 던지는 것이었을 것이다. 그러다가 조금 평화로운 시기에는 더 잘 던지기 위해 나무토막이라도 세워 놓고 던지기 연습을 하지 않았을까? 결국 그 당시 부유하고 신체 조건이 우수한 페니키아인 장수를 상대하는데, 그냥 평소 연습하던 자기 모습으로 승리했던 것이 아닐까?

우리도 자기에게 맞는 도구를 찾아야 한다. 내가 제시하는 MVP

투자 기법이 어떤 투자자들에게는 별로 도움이 되지 않고 성격에 맞지 않을 수도 있다. 그런데 직장생활을 하면서 시간에 쫓기고, 종목을 매일 분석하고 트레이딩할 수 없는 사람들에게는 도움이 될 것이라고 확신한다.

우리는 행복하기 위해 투자한다. 그런데 주객이 전도되어 주식이 삶이 되어버리고, 주식 때문에 값진 인생을 낭비하고 비참해질 수도 있다는 것을 잊지 않았으면 한다. 그리고 주식 시장에서는 헬스클럽에 가서 운동을 하듯이 뭔가 많이 공부해나간다고 해서 수익률이 좋아지지는 않는다. 투자는 잘해야 하는 것이지 열심히 한다고 되는 것이 아니기 때문이다.

거시경제 읽기, 주도주 업종 세팅, 종목 선택, 그다음 레인지 매매까지 합쳐서 MVP 매매로 완성하면 된다. 기술적 분석을 하고 사고팔고 하는 것은 모두 트레이딩에 관련된 것이다. 그런데 일단 종목 선택부터 해야 한다. 가능성이 많고 안정적인 업종과 종목에서 놀아야 한다. 노는 물이 달라야 한다. 그리고 그 안에서 매매도 하고 장기투자도 하는 것이다.

매일 수도 없이 쏟아지는 정보 속에서 사람들은 뭔가 산뜻하고 새로운 정보를 찾아 헤맨다. 정작 시대가 변하고 흐름이 바뀌어도 변하지 않는 것에는 관심이 없다. 그러나 내 경험으로 보건대, 투자 수익에 도움이 되고 내 삶의 질을 높여주는 것은 전자보다는 후자였다.

CHAPTER 5

주가수익비율 밴드를 이용한 트레이딩

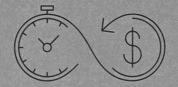

파운딩 트레이딩

이제 트레이딩에 대해 얘기해보자. '기술적으로 트레이딩을 어떻게 할 것인가?'에 대한 선택에 대해 설명해보도록 하겠다. 앞에서 소개한 MVP 투자법에 따라 종목을 선택했다고 해보자. 어쨌든 거래는 해야 하겠고 지금은 사야 할 때라면 어떤 자리에서 어떻게 매매하는지 그 방법이 궁금할 것이다.

내가 주로 사용하는 매매하는 방법에 대해 얘기하려고 한다. 크게 말해서 매매는 두 가지로 나뉜다고 생각한다. 올라갈 때 빨리 따라붙거나 남들이 전혀 관심 없을 때 조용히 사 모으거나 하면 된다. 앞의 것을 파운딩^{pounding}이라고 하고, 뒤에 것은 물타기 혹은 스케일 트레이딩^{scale trading}이라고 한다. 두 가지 방법은 장단점이 분명하기 때문에, 투자자들의 스타일과 성격에 맞게 해나가면 된다.

먼저 파운딩을 언제 어떻게 사용하는가에 대해 얘기해보자. 심플하기 때문에 원리만 잘 이해하면 투자에 큰 도움이 될 것이다. 그것은 흔히 우리가 사용하는 일봉 차트를 놓고 직관적인 방법으로 찾아내면 된다.

파운딩은 '때려 박는다'는 뜻이다. 주가가 올라갈 때, 크게 따라 들어가서 먹고 나오는 전략으로 파운딩을 하는 사람들은 애초에 어떤 종목을 선택하겠다는 마음을 먹지 않아도, 대체로 신고가 종목을 트레이딩하게 된다. 추세적으로 상승하는 종목에서 승부를 내기 쉽고 빨리 따라가서 먹을 수 있기 때문이다. 이것은 단기 매매에 유리하다. 그리고 결과만 놓고 보면, 수익률보다는 수익금을 챙기는 방법이다. 높은 수익률보다는 금액에 초점을 맞추는 트레이딩이고, 강세장에 매우 유리한 매매 방식이다.

그럼 신고가 종목 들 중에서 어떤 것을 대상으로 하면 좋을까?

다음 페이지의 차트를 한번 보자. 맨 밑에 그래프가 움직이는 것을 볼 수 있다. 이것은 RSIRelative Strength Index(상대강도지수)다. 이것은 주가의 상대적 위치를 표시하는 것으로, 시장에서 이 주식에 관심이 있는가 없는가를 알아보는 척도라고 보면 쉽게 이해가 될 것이다.

일봉 차트에 옆으로 그어놓은 직선은 전고점을 뚫고 넘어가는 구간이다. 신고가가 갱신되는 구간을 표시해놓은 것이다. 이 구간에 RSI가 70 이상이 되면 주황색 네모 박스로 표시해놓았다. 그럼 직선과 주황색 박스가 만나는 부분을 보면, 주가가 강하게 뿜어 나가는 것을 볼 수가 있다. 책으로만 보면 RSI 70 이상이면 과열 신호라고 나온다. 그런데 실제 매매를 하다 보면, RSI가 70 이상일 때 매매를

◆ ······ 파운딩 트레이딩

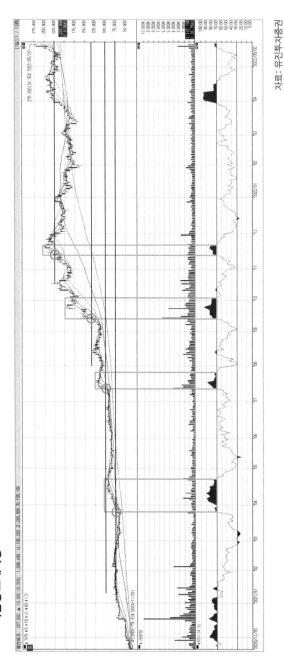

자료 : 유진투자증권

224

붙는 것이 단타하기에는 매우 좋다. 조금 길게 보유하는 경우라면, 전고점을 돌파하는 데 RSI가 70 이상으로 올라가는 구간이 겹치면, 이때가 매매를 붙이기에 매우 좋은 기회라고 볼 수 있다.

이런 사람이 있을 것이다.

"나는 정확한 지점에 기술적으로 매매를 포인트를 찾아야겠다. 종목들 세팅하고 매크로도 됐고 다 좋은데 내 성격상 주식을 오래 갖고 있지 못하겠다. 그래서 딱 보고 있다가 빨리 먹고 나오고 싶다."

그럼 비중을 빨리 늘였다가 빨리 탈출해야 한다. 그럴 때 쓰는 방법이 파운딩이다. 그것은 이렇게 RSI가 단기적으로 과열권에 들어가야 한다. 사람들이 "이거 좋다. 내일도 사야지. 모레도 사야지" 하면서 뉴스가 막 나오기 시작하면 차트가 올라가기 시작한다. 그렇기 때문에 그 사람들과 같이 들어가고 그 사람들보다 조금만 빨리 나오면 되는 것이다. 그게 전고점을 뚫는 상황과 겹치게 되면 확률이 매우 높은 매매 방법이 된다.

RSI가 높아지는 국면에서 점프가 일어났다. 전고점을 돌파하는 직선과 RSI 70이 되는 진한 주황색 원 부분에서 매매하면 웬만하면 수익이 난다는 것이 핵심이다. 여기서 성공 포인트는 '얼마나 많은 금액을 성공적으로 때려 박느냐'에 달려 있다.

스케일 트레이딩

다른 하나는 스케일 트레이딩이다. 이것은 우리말로 하면 '물타기'다.

장기 트렌드 투자를 하려는 사람에게 유리한 방법이고, 주식을 싸게 살 수 있다는 장점이 있다. 그러나 종목 선정이 잘 못될 경우, 아주 오래 기다리거나 주가 계속 흘러내려 큰 손해를 볼 수가 있다. 난이도로만 보면, 스케일 트레이딩이 파운딩보다 더 어려운 방법이다.

자세한 내용을 얘기하기 앞서, 확실히 해두고 싶은 것이 있다. 종목과 업종의 우상향은 차트를 보고 결정하는 것이 아니다. 이미 종목 선정 단계에서 우상향은 결정난다. 이게 핵심이다. 차트는 그 종목들을 트레이딩하는 것을 의미한다.

먼저 소고기냐, 돼지고기냐를 선택해야 하고 요리는 그다음인 것처럼, 주식을 선택하고 세팅하는 데는 트레이딩을 하는 것보다 훨씬 더 많은 시간과 노력이 들어간다. 그것부터 잘하지 않으면, 여기서 설명하는 두 가지 트레이딩 방법은 반쪽짜리다. 그리고 지금부터 설명하는 물타기, 즉 스케일 트레이딩의 경우, 위에 설명한 파운딩보다 훨씬 더 위험한 방법임을 꼭 기억하길 바란다.

물타기의 경우 투자자들의 투자금이나 투자 환경이 파운딩과는 다르다. 크게 돈 나올 곳도 없고, 월급 받은 것 조금씩 모아서 앞으로 많이 올라갈 종목을 저가에 매수하고 싶은 사람도 있다. 그렇다면 종목 업종에 대한 확신이 있어야 한다. 이 종목이 갈지 안 갈지 모른다? 이 업종이 될지 안 될지 모른다? 그러면 스케일 트레이딩은 쓰면 안 된다. 물 타다가 죽으러 가는 경우가 있기 때문이다.

그러면 그걸 전제로 스케일 트레이딩은 어느 지점에서 해야 할까? 다음 차트처럼 주가가 흘러내린다고 해보자. 주가가 흘러내릴 때 RSI 차트는 칠해지지 않았다. 그 구간은 이 종목에 대해서 시장이 전

◆ ······ 스캘핑 트레이딩

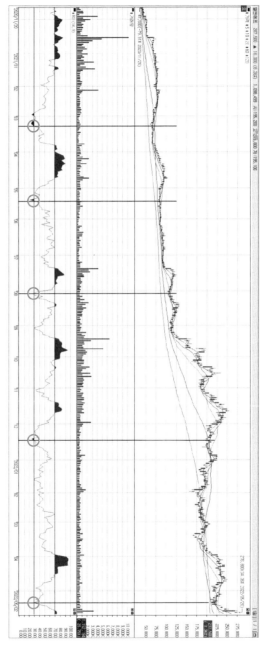

자료 : 유진투자증권

혀 관심이 없는 기간이다. 분명 싸긴 한데, RSI가 침체로 들어가기 시작하는 RSI 30이 시작하는 단계를 보면, 주가는 추가 하락한다. 그런데 검정색 세로선으로 표시되어 있는 구간의 RSI를 보면, 같은 30인데 침체에서 위로 올라가는 30이다. 그때가 물타는 타이밍이다.

다시 한번 말하지만, RSI가 30이하로 진입하지 말고, 위로 뚫고 올라오는 구간에서 물을 태워야 한다. 다른 말로 하면, 매도가 다 팔고 더 이상 팔 것도 없어 지쳐버린 상태를 나타낼 때가 RSI 30이하에 머물 때이며, 그렇게 한동안을 보내고 매수가 조금씩 매도를 이겨 나가기 시작할 때가 검은색 세로선으로 표시된 것이다.

RSI 30을 벗어나는 구간에 검정 세로선이 그어진 곳을 잘 보면 바로 그때가 주가의 바닥인 경우가 많다. 스케일 트레이딩의 핵심은 매도세가 지칠 때 물타는 것이다. 대충 봐서 싸 보인다고 이동평균을 보고 사는 게 아니고, 분명히 매매 수급에서 매도가 포기하는 구간에서 물타는 것이다.

RSI가 30 이상을 벗어날 때마다 종목을 매수한다고 하면 적어도 저점 부근에서 전부 매수하게 된다. 오래 기다려야 하고 언제 올라갈지도 모르고 우상향한다는 확신이 없다. 그런데 주가가 20~30% 빠졌다고 해보자. '이 주식은 될 거야. 이 주식을 사야 해'라는 확신을 차트에서 얻을 수 있을까? 이 차트에 기업 실적이 나와 있는가, 가치가 나와 있는가, 아니면 모멘텀이 나와 있는가?

그런 확신이 있을 때만 물타기 방법을 사용할 수 있을 것이다. 그것이 안 된다고 하면, 초보자들이라면 파운딩을 이용하는 게 낫다. 다른 사람들도 다 좋다고 하고 다 같이 사서 들어갈 때 따라가는 게 낫다.

나의 경험으로 보면, 스케일 트레이딩에는 위험성이 있음에도 불구하고 포기 못 할 장점이 있다. 바로 비중과 수익률이다. 상대적으로 자금이 적은 투자자들이나 투자금을 한꺼번에 모아서 하는 것이 아니고, 시간을 두고 분배가 되는 경우에는 여러 종목을 물타기 방식으로 사 들어가면 저점에서 좋은 주식들을 모아갈 수 있다. 그리고 저점에서 사기 때문에 수익률은 당연히 파운딩을 한 사람들보다 높다. 같은 차트에서 한번 비교해보라. 1~2년 하다 보면, 수익률이 5배 이상 차이가 나기도 한다.

좋은 종목과 업종을 세팅하는 것은 차트와는 상관없다. 재무제표를 보고 파악해서 좋은 업종과 종목을 세팅해놓고, 그 종목을 매매하겠다고 생각했을 때 차트나 보조 지표를 이용하는 것이다. 개인투자자 입장에서 이 두 가지 방법만 잘 익히면 충분하다고 생각한다. 이건 컵라면에 물 붓는 것만큼 쉽다.

시장에도 계절이 존재한다.
봄, 여름, 가을, 겨울처럼 투자의 세계에도 순환이 있다.

PART 4

투자, 채워가는 것이 아닌 비워내는 과정

TIMING TO
BUY,
SELL,
MAKE A FORTUNE

절망이 아닌
배움을 선택하라

투자자들에게 마지막 당부를 하고 싶다. 사실 이게 가장 중요하다. 주식 투자라고 하는 것, 그것을 공부한다는 것은 뭔가를 계속 채워가는 과정이 아니라 비워가는 과정이다. 그리고 필요 없는 것을 버리는 과정이지 과하게 무엇인가 더 많은 것을 받아 채우는 과정이 아니다.

90%, 100%짜리 확률 높은 포인트와 확률 높은 투자 정보가 필요한 것이지, 10%, 20% 확률이 있는 것들을 여러 개 아는 것이 필요한 것은 아니다. 그것을 다 조합해봐도 확률이 높아지기는커녕 외려 내려간다. 즉 곱하기지 더하기가 아니라는 것이다.

50% 맞는 정보와 20% 맞는 정보를 더하는 것, 즉 0.2 더하기 0.5는 0.7처럼 되는 게 아니다. 주식 투자는 곱하기다. 0.2 곱하기 0.5는 0.1이다. 두 가지가 결합되면서 오히려 확률이 낮아졌다. 주식

정보도 마찬가지다. A라는 정보와 B라는 정보를 합친다고 해서 그 확률이 높아지지 않고 오히려 낮아진다. 그러니까 둘 중에서 그냥 높은 것, 0.5짜리를 선택해서 그것만 이용하는 게 낫다.

예를 들어 이런 경우다. 실적도 좋아지고 외국인들도 매수하는데, 이동평균은 하락하고 있다. 이런 정보들이 나왔다고 해보자. 이럴 때, 세 가지를 다 결합해서 결론을 내릴 게 아니라, 그중에서 가장 믿을 만한 정보 하나로 판단해도 확률은 더 높아진다.

예를 들어 확률이 0.9라고 해보자. "이것은 잡아두면 먹을 것 같아. 긴 안목으로 장기투자 하면 될 것 같아"라고 했다. 그런데 거기에 확률이 50%(0.5)짜리인 차트를 붙인다(차트 확률은 50%가 안 된다, 심리가 결합되고 기준이 모호한 것들이 있기 때문이다).

0.9와 0.5를 더하면 1.4니까 마음이 편해진다. 확률은 1을 넘을 수 없는데 1.4가 나온다. 이처럼 과장된 안심 속에 투자를 진행하게 되는 것이다. 실질적으로 이 두 정보를 결합하면, 성공 확률은 겉보기와 다르게 0.45로 내려가게 된다.

그러므로 그냥 차트만 보든가, 그냥 장기적으로 물려 있든가, 둘 중 하나만 해야 한다. 두 개를 다 쥐고 하면 오히려 확률은 내려간다. "이 종목이 좋다고 해서 차트 보고 샀는데 왜 안 가나요?"라는 말이 나오게 된다. 종목이 좋은 것은 어떤 게 좋은 것이며, 차트의 어떤 부분을 보고 사면 주식이 올라가는가? 이 점에 대해서는 생각하지 않는다.

또한 정보라고 하는 것에서 좀 벗어나야 한다. 대신 진짜 금쪽같은 금융감독원 전자공시 시스템, 기업들에서 발표하는 세미나, 회사의 비전, 연초에 발표되는 매출 목표, 그것들을 다 적어놓고 투자하는 게 낫다.

예를 들어보자. 내가 투자하는 기업은 올해 4분기까지 400억 원의 이익을 내기로 했는데, 1분기에는 50억 원밖에 안 나왔다고 해보자. 4분기 동안의 이익을 추정해보면 200억 밖에 안된다. 그러면 투자자들은 "쇼크다. 팔아버리자. 약속을 안 지키는 기업이다"라고 하면서 주식을 팔아버린다.

그런데 2분기에 100억 원, 3분기에 150억 원이 나왔다고 해보자. 마지막 분기에 100억 원 이익을 내면서 400억 원으로 마무리하겠다고 했다. 그런데 이 기업이 가진 계절성에 대해 모르는 사람에게 PBR이 소용이 있겠는가?

비수기인 1분기 실적 발표 이후 사놓으면 그다음 분기에 150억 원이 나오니 주가가 그때부터 반응하기 시작할 텐데, 이익이 겉보기에 좋지 않다고 팔아버리는 실수를 하는 것이다. 만약에 차트를 보는 사람이, 혹시라도 이동평균선 아래로 주가가 내려가는 일이라도 생기게 되면, 더 급하게 밑으로 던져버리는 일도 발생할 수 있다.

그렇게 되면, 그것을 받아서 산 사람은 2~3분기 성수기로 가면서 주가가 크게 상승하는 것을 누리는 반면, 판 사람은 "내가 팔아줘야 주가가 올라간다"면서 자조 섞인 농담을 하게 될지도 모른다.

CHAPTER 1

손에 쥔 것을 놓기 전에는
다른 것을 잡을 수 없다

선택을 강요당하지 마라

투자자들은 선택을 강요받아서는 안 된다. 요즘 'TINA^{There Is No} ^{Alternative}', 'FOMO^{Fear Of Missing Out}'라는 말이 나온다. TINA는 '달리 대안을 찾기 힘들다'는 뜻이고, FOMO는 '좋은 기회를 놓칠까 불안 한 마음'을 뜻한다. 쉽게 예를 들어보면 "미국밖에 없다. 주식 말고 대 안이 없다"와 같은 표현이 그것이다.

부동산이 상승해서 벼락 거지가 됐다. 금리는 올라서 대출금 부담 은 커지고, 임금은 물가만큼 오르지 않아 생활이 빠듯하다. 그런 상 황에서 많은 개인투자자는 돌파구를 마련해보고자 정보를 찾아다니 게 된다.

이들에게 정말 필요한 조언은 무엇일까 생각해보자. 돈이 없으니 수익을 더 낼 수 있는 투자 수단을 찾으라고 하면, 공부를 해야 한다면서 퇴근 후 편히 쉬어야 될 시간에 유튜브만 쳐다보고 있지는 않은가?

주식 관련 유튜버들이 평소 뭐라고 하는지 떠올려보자. 마이너스 통장 빚을 내서 변동금리를 끌어다가 유망한 성장주에 투자하라고 조언한다.

사실 직접적으로 대놓고 얘기하지는 않지만, 좋은 기회라고 매우 싼 수준이라고, 뉴스에 나오는 Fed의 긴축은 경제를 죽이려고 하는 게 아니라고, 주식은 장기투자 하면 무조건 이긴다고 할 것이다. 모르는 투자자의 입장에서는 매우 합리적으로 들리는 데이터들의 단편을 잘라내 보여주면서 말이다.

이런 얘기를 들으면 초보자들은 '나만 빼놓고 다 부자 되는 거 아니야?'라고 생각하게 된다. 사실 금리가 오를 때는 은행에 돈을 맡겨야 한다. 그리고 빚은 갚아야 한다. 주식 투자도 금리가 높은 상태에서는 잘 안되게 되어 있다.

금리가 높을 때도 주식 투자를 하라는 사람도 있다. 그런 말을 하는 전문가의 실력이 어느 정도인지 모르겠지만, 금리가 폭등하는 상황에서 큰 수익을 낼 수 있는 사람은 흔치 않다.

그래서 어쩔 수 없이, 알지도 못하는데 남들이 한다니까 꾸벅꾸벅 졸면서 출퇴근하는 길에 유튜브 잠깐 보고, 그것 좀 들었다고 주식을 안다고 생각한다. 그렇게 주식에 다 때려 박고 빚쟁이가 되어버리는 것이다.

그렇게 하면 노예 같은 삶을 살게 된다. 드러나지 않는 강요로 시작한 것이 결국 노예의 삶으로 변하게 되는 것이다. 투자는 그렇게 하면 안 된다. 내 권리와 명예를 지킬 수 있는 자기 중심적인 투자를 해야 한다. 안 하면 뒤처질까, 불안하니까, 대안이 없으니까 하는 투자는 좋을 결과를 낳을 수 없다.

누구에게나 처음은 있기 마련이다. 생전 처음으로 주식 투자를 시작하자마자 어려움에 처했을 수도 있고, 손실이 나서 힘이 들 수도 있다. 그러나 그럴 때일수록 절망이 아닌 배움을 선택해야 한다. 주식이 도박하고 다른 점은 노력하면 길이 보이고 충분히 승산이 있다는 것이다.

손에 펜을 잡고 있다고 상상해보자. 그럼 그 손에 또 다른 하나의 뭔가를 잡기가 어렵다. 커피잔 정도는 어떻게 끼워서 잡을 수 있겠지만 그것도 아주 쉽지는 않다. 다른 것을 잡으려면 펜을 놓아버리는 것이 더 낫다.

투자 활동에서도 내가 지금 들고 있는 것을 내려놓을 수 있어야 한다. 특히 확률이 낮고 잘되지 않는다면 그 방법은 버려야 한다. 지금 쥔 것을 깨끗이 버려야 다른 도구를 쓰고 다른 방법을 배울 수 있다. 가끔은 한번 배우면, 문신처럼 몸에 새겨져서 내려놓기 어려운 것들도 있다. 그런 것들은 애초에 걸러야 한다. 자신이 하는 투자 습관에 대해 한번쯤 3인칭 관찰자 시점으로 내려다보고 바꿀 부분이 있는지 확인해보길 바란다.

생각 없이 살면 살아지는 대로 생각한다. 내가 어떤 루틴으로 투자하는지에 대해서 고민을 많이 해보길 바란다. 자신만의 투자 원칙도 없이 눈뜨자마자 주식 차트 보고 빨간 불이 막 올라가면 따라 사면서 돈을 벌겠다는 생각은 하루 빨리 버리는 것이 낫고, 신문 뉴스에 따

라 그날그날 하루살이처럼 주식 시장을 헤매고 다니는 투자 방식 역
시 버려야 한다.

성격에 맞는 투자를 하라

투자를 할 때는 반드시 자기 성격에 맞는 투자를 해야 한다. 앞서 피
라미딩과 파운딩에 대해 설명했듯이 빨리 먹고 나가는 것을 잘하는
사람이 있다. 이건 선천적으로 타고나는 것이다. 차트가 올라갈 때
투자금 때려 박고 용기 있게 먹고 나오면서 큰돈을 버는 사람도 주변
에 있다. 그러나 흔치 않다. 그건 일종의 재능이기 때문이다. 같은 방
법으로 다른 사람이 성공할 수 없다.

장기투자, 가치투자는 옳고, 파운딩 해서 빨리 먹고 나오는 트레이
딩은 무조건 잘못됐다는 생각은 잘못됐다. 빨리 먹고 빨리 나오는 게
사실은 제일 좋다. 그런데 그건 재능이라 아무나 못 하니까, 재능이
크게 없어도 할 수 있는 방법을 선택하는 것이다.

직장인이고 주식 시세도 제대로 못 보고 컴퓨터로 정보를 찾는 것
도 서툴기만 한 사람이 있을 것이다. 그런데 투자는 해야 하겠고 어
떻게 해야 할지 난감할 수 있다. 그러나 자신에게 맞는 투자 방법을
세팅하고 거기에 기술적으로 도움을 받을 수 있는 것들을 채워나가
면 된다. 좋은 종목, 좋은 업종, 주식하기 좋은 때, 이런 것을 고르는
건 매매나 내 성격이나 돈의 성격하고는 아무 상관이 없다. 그 이후
가 문제다.

계좌 상황에 맞게 투자하라

계좌 상황에 맞게 투자하는 것도 중요하다. 빚내서 투자한다거나 2년 있다 전세금을 줘야 하는데 그 돈으로 투자한다면 정말 신중하게 생각해야 한다. 이런 경우 확률적으로 매우 높은 자리에서 들어가지 않으면 안 된다. 단기적으로 들어가서 조금만 벌어보겠다는 생각으로 주식 투자를 하고 그 자금을 운용하면 어려워진다.

멀리 내다보고 진짜 투자할 종목에는 스케일 트레이딩으로 나눠서 분산해서 들어가야 한다. 시간을 분산해야 한다. 왜냐하면 시장의 흐름을 맞추기가 어렵기 때문이다. 그러니까 그 시행착오를 줄여주는 방법 중 하나인 시간별 분할 매수로 나눠서 들어가는 것이다. 그러면 실수할 확률이 크게 줄어든다.

만약 없어도 되는 돈이고, 하루 종일 주식만 해도 되고 2,000~3,000만 원 없는 셈 쳐도 된다면? 그럴 때는 큰 금액도 아니고 하니, 진입과 퇴출이 편한 파운딩 방법을 통해 신고가 종목 중에서 올라가는 것들에 붙어가면서 매매하면 된다.

전문가를 잘 활용하라

불가근 불가원. 주위에 친하게 두어야 할 사람은 증권 전문가다. 물론 선별이 중요하다. 그러나 증권 전문가를 활용하는 방법을 아는 것이 더 중요하다.

증권가에는 여러 종류의 전문가가 있다. 연장통으로 치면 여러 연장이 있는 것이다. 돌리는 드라이버, 못을 빼는 장도리, 자르는 니퍼나 톱, 뽑아내는 펜치, 두들겨 박는 정이나 끌 같은 것도 있다. 다 각자의 용도가 있듯, 전문가들도 장의 국면에 따라 다르게 사용해야 한다. 국면별로 전문가의 용도가 다르기 때문이다.

어떤 사람은 상승장에서 신들린 듯이 잘 맞힌다. 어떤 사람은 하락장에서 리스크 관리를 잘한다. 펀드매니저의 목표 수익률은 그냥 두 자리다. 10%, 15%만 오랜 기간 내주면 훌륭한 펀드매니저다. 그런데 그마저도 요즘은 수익 10%, 15%가 아니라 벤치마크 대비 몇 퍼센트냐를 따진다. 그러니까 지수가 10% 올라갈 때 나는 15% 수익이 나면 잘하는 펀드매니저다. 지수가 20% 빠지는데 나는 10%만 빠졌다면, 10% 오를 때 20% 올라간 것과 똑같이 좋은 펀드매니저다. 나한테 마이너스 10% 손해를 안겨준 펀드매니저가 1등 상을 받는 것이 이해가 잘 안 될 것이다. 내 계좌는 마이너스인데 뭔가 잘못된 것 아닌가? 아니다. 기준이 다르기 때문이다.

유튜버 전문가들 중에서도 강세장이 오면 하이테크 주식 같은 것들을 아주 잘 아는 사람이 있다. 엔지니어 출신이라거나 주식은 잘 모르는데 그런 쪽에 밝은 사람일 수도 있다. 상승장이 오면 그런 사람들의 도움을 받을 수 있다.

반대로 거시경제 이슈를 잘 아는 사람들은 장이 위험할 때 거시경제 이슈들을 체크해서 리스크 관리를 잘해줄 수 있다. 또 증권사 브로커 출신이라면 종목들을 트레이딩하는 데 있어 도움이 될 수 있다.

그러니까 어떤 능력이든 과신하지 말고 잘 활용하라. 전문가를 신으로 만들지 않기를 바란다. 미안한 말이지만 전문가는 수수료를 먹고 사는 머슴과 같다. 머슴들에게 필요한 건 수수료지, 신이라고 하는 호칭과 숭배가 아니다. 그냥 돈 주고 부리면 된다.

CHAPTER 2

상승보다 하락에
주의해야 하는 이유

투자의 푀 현상

투자를 할 때 리스크 관리가 더 중요할까, 아니면 더 많이 버는 게 중요할까? 흔히 벌어지는 논쟁이다. 나의 경우 주식을 경험하면서 많은 수익도 내보고 전 재산을 잃어보기도 했지만 정말 중요한 건 잃지 않는 투자를 하는 것이다.

워런 버핏의 투자 원칙도 "첫째, 원금을 잃지 마라. 두 번째, 첫 번째 원칙을 힘써 지켜라"다. 주식 투자를 할 때는 리스크 관리를 철저하게 하는 것이 많이 먹겠다고 하는 것보다 훨씬 더 현명한 생각이다. 브레이크 밟는 법을 배우지 않고 운전대를 잡는 사람은 없다.

다음 페이지의 표를 보자. 1930년대부터 거의 100년간 S&P 500을 들고 있었다면 수익이 21,833%, 원금의 218배다. 그런데 표의 가운데인 10년마다 오는 최고로 좋은 10일, 즉 10년마다 한 번씩 오는 강

◆······ **S&P 500 10년 주기**

(단위: %)

연도	기준수익률	10년간 최고의 10일을 제외했을 때	10년간 최저의 10일을 제외했을 때	10년간 최고, 최저의 10일 모두 제외했을 때
1930	-42	-79	39	-50
1940	35	-14	136	51
1950	257	167	425	293
1960	54	14	107	54
1970	17	-20	59	8
1980	227	108	572	328
1990	316	186	526	330
2000	-24	-62	57	-21
2010	190	95	351	203
2020	46	-17	177	57
1930~ 현재	21,833	58	4,670,630	33,525

자료: S&P, BofA US Equity&Quant Strategy

세장에 못 벌었을 경우 수익률은 58%이다. 주식을 팔지 말고 끝까지 가지고 있어야 한다는 말은 이에 기인한 것이다.

그런데 그 뒤를 보자. 10년마다 최악의 경우의 10일이 있다. 10년 동안 가장 나쁜 10일을 피했다고 하면, 총 수익은 46,700배가 된다. S&P 500을 100년간 그냥 들고 있어도 얻는 수익률 218배보다 214배나 더 많다. 1년에 한 번 최악인 날을 빼고 최고점까지 먹었으면, 46,700배가 된다는 것이다. 실로 엄청난 수익이다.

하지만 둘 다 현실적이지는 않다. 리스크 관리를 하는 사람은 너무 고점이라고 생각되면 팔려고 할 테고, 그럼 고점을 못 먹고 미리 팔아버릴 가능성이 매우 크다. 반면 리스크 관리를 안 하는 사람은 낙폭이 큰 날을 피하지 못했을 가능성이 매우 크다.

그럼 현실적으로 위아래를 다 잘라보자. 최고로 많이 먹는 10일을 빼고 최악으로 안 좋은 10일도 빼서 계산해보면 어떨까. 그 수익도 335배다. 그래도 그냥 가지고 있는 것보다 낫다. 그러니까 아주 극단적인 데이터이기는 해도, 행동의 원칙에 대한 직관은 제공한다. 잃지 않기 위해 기를 쓰는 것이, 큰 수익을 내려 덤비는 것보다 훨씬 더 산술적으로 유익하다는 말만 기억하면 된다. 최고로 잘 팔려고 노력할 것 없이 먹은 건 챙기면서 최악의 경우에는 들어가지 않게 노력하는 것이 성공적인 주식 투자의 길이라는 뜻이다. 가늘고 길게 가는 것이 가장 좋다. 왜 그럴까? 그게 합리적인 얘기일까?

어렸을 때 배운 과학 상식 한 토막을 소환하고 싶다. 푄^{Föhn} 현상이라는 개념을 지구과학 시간에 배웠다. 푄 현상이란 바람이 산을 타고 올라갔다가 다시 내려가면서 고온 건조한 성질로 바뀌는 걸 말한다. 바람이 태백산맥을 타고 넘어가면서 습도와 온도가 변하고, 같은 고도에 위치한 홍천과 강릉이 기온 차이가 나는 현상을 말한다.

계좌도 마찬가지다. 많이 벌려고 하면 먹을 때는 100% 먹어야 한다. 그런데 빠질 때는 50%만 마이너스가 나도 본전이다. 수학적으로만 봐도 매우 불리한 싸움을 하고 있는 것이다. 따라서 먹었을 때 잘 파는 게 맞다. 리스크 관리를 못한다고 하는 것은 훌륭한 투자자가 되는 데 치명적 결격 사유가 된다는 걸 잊어서는 안 된다.

CHAPTER 3

지수가 올라도
돈을 못 버는 이유

시장의 색깔을 못 읽는 색맹 투자자들

시장에도 계절이 존재한다. 봄, 여름, 가을, 겨울처럼 투자의 세계에도 순환이 있다. 본질적으로 신용의 팽창과 축소 과정에서 나오는 필연적인 순환이 존재한다.

금리가 오르고 내리면서 시장은 크게 오르고 내리기를 반복하며 순환하게 된다. 그리고 계절마다 제철 과일이 있듯, 주식에도 그 구간에서 아주 달달한 맛을 주는 주식이 따로 있다. 많은 투자자가 지수의 오름과 내림만 생각한다. 그리고 지수가 언제 바닥을 잡을지, 또 지수가 오를 때가 언제일까에 대해 고민이 많다.

그런데 사실 상승장에서도 투자자들이 크게 돈을 벌지 못한다. 이는 지수가 문제는 아니라는 뜻이다. 그럼 무엇이 문제인가? 계절에 맞는 옷을 입지 못하는 게 문제고, 시장의 색깔을 인지하지 못하는

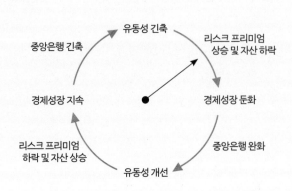

게 문제다. 시장의 색깔이 무엇인가에 대해서는 크게 고민하지 않고 지수가 오르내리는 것에만 관심을 두기 때문이다.

위 그림은 주식 시장의 순환 사이클로, 계절적 순환을 나타낸다. 앞에서 보았던 경기순환주기표처럼 이런 순환은 보통 Fed의 금리 인상에 의해서 만들어지고, 10년마다 주기적으로 반복된다고 보면 된다. 그 과정에서 국면별로 주도하는 업종이 다르다는 것을 볼 수 있다. 반드시 100% 그렇게 되지는 않지만, 봄에는 딸기가 제철이고 가을에는 밤과 감이 익는 것이 정상이듯 금리가 오르고 내리는 과정 에서 산업이나 기업이 처한 상황이 달라지기 때문에 수혜를 보는 기 업이 달라지게 되어 있다.

또한 그 안에서 지금은 대형주가 가는 장인지, 중소형주가 가는 장 인지, 실적주가 가는 장인지, 성장주가 가는 장인지, 미국과 디버전스 가 나오는지, 미국하고 같이 움직이는지, 중국을 따라가는 장인지, 아니면 중국 반대로 가는 장인지 등에도 관심을 두어야 한다.

예를 들어 반도체 업종이 사이클 국면에서 제철을 맞았다고 하자. 그런데 대형주인 삼성전자 하이닉스는 못 가고 중소형주들 중에서 급등하는 모습을 보이는 경우도 많이 있다. 우리나라에서는 2019년부터 일본과의 분쟁으로 소재, 부품, 장비 국산화 관련 이슈가 나오면서 관련주들의 주가가 많이 급등했다. 또한 LG에너지 솔루션 상장 이후 SDI와 같이 주가가 일정 수준 오르다가, 결국 SK이노베이션까지 3개의 대형사들이 시설투자를 진행할 것을 대비하여, 관련 소재 납품 업체들의 매출 기대감이 큰 폭으로 증가하여 양극재 및 음극재들의 급등세를 만들어갔다. 이런 것들이 계절적 변화 안에서의 시장의 색깔 변화라고 볼 수 있다.

의외로 많은 투자자들이 시장의 사이클이나 시장의 색깔은 신경 쓰지 않는다. 같은 2,500포인트 지수대역이라고 해도, 그때 그때 시장의 색깔에 따라 투자자들이 느끼는 지수 대역이 다른 이유가 여기에 있다. 3,000선에서도 누군가에게는 지수가 2,000선대에 머물러 있는 것 같이 느껴질 때가 있다.

그냥 지수가 올라가면 올라가고 내려가면 내려가는가 보다 하고 내가 들고 있는 주식도 그와 동기화될 것이라고 생각한다. 모든 아픔은 여기서 시작된다. 지수가 막 올라가는데 내 주식은 왜 안 오를까? 그것에 대한 답을 찾고 싶다면 '내가 혹시 흑백으로 시장을 보고 있지 않은가?' 하고 질문해보면 좋다.

Fed가 금리를 올리면서 '정지 준비' 신호인 노란불을 켰는데, 사람들은 빨리 통과하려고 엑셀을 세게 밟아버렸다. 그러다가 신호 위

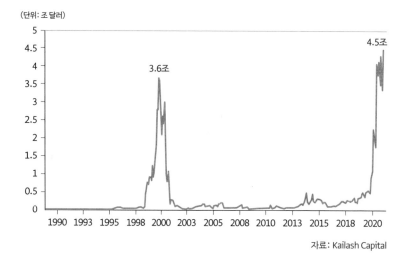

(단위: 조 달러)

자료: Kailash Capital

반으로 걸러버렸다. 그게 2021~2022년의 흐름이다. 이건 욕심이 낳은 결과다.

금리가 충분히 올라온 상황에서 빨간색 정지 신호가 나온 업종과 종목들이 있다. 나스닥 지수가 최고치에 이를 때, 금리 인상이 예고되었을 때, PSR 20배 이상인 기업, 즉 매출액 대비 시가총액의 비율이 20배가 넘는다는 것인데, 이 정도면 사업으로 돈으로 이자 비용도 감당할 수 없는 상황이다. 그런데 그런 규모가 4.5조 달러 규모였다. 우리나라 GDP의 3배나 되는 수준이다. 이런 종목들은 대부분 성장주였다. 정지하라는 빨강색 신호가 떴는데, 이 색깔을 인지하지 못했다.

1, 2, 3차로의 차들이 각자의 방향에 맞게 신호가 떴는데, 빨간 불인 것을 모르고 세게 달려나간 것이다. 사고가 안 나면 다행이지만, 금융시장에서는 무조건 사고가 난다. Fed는 지금 고금리를 못 견디

는 기업에 투자하지 말고 정지선에서 대기하라고 하고 있다. 그것을 어길 수는 있지만, 그 뒤에는 반드시 책임이 따른다.

핵심은 자금 관리다

우리는 흔히 부자는 물려받거나 무엇인가 특별한 능력이 있어야 될 수 있다고 생각한다. 반은 맞는 얘기다. 대부분 20대까지 부모 그늘에서 살고 그 후로 20년을 더 살면 40대가 된다. 그런데 40대가 되어서도 아버지가 물려준 것이 없다는 핑계를 댈 필요가 있을까? 가난한 사람이 부자가 될 수 없는 진짜 이유는 다른 데 있다.

경제는 항상 위아래로 움직이면서 기회를 준다. 특히 주식 시장은 그런 흐름이 더 빈번하다. 거품을 만들었다가 불황을 만들고, 그 위에 다시 거품을 만들었다가 재차 불황을 만든다. 거품이 만들어지면, 많은 부자들이 양산된다. 불황이 오게 되면, 불행해지는 사람이 늘어난다.

이 흐름을 이해하는 사람은 부자가 되고, 그렇지 못한 사람은 가난해진다. 설령 부모한테 물려받은 것이 많다고 하더라도, 금방 사라지고, 가진 것이 별로 없는 사람들도 큰 부자가 되는 역전극이 연출되기도 한다.

거품이 생겼을 때 현금을 챙겨서 안전한 곳으로 대피해야 한다. 사실 투자는 어떻게 보면, 현금에 관한 이론이어야 한다고 생각한다. 현금을 중심으로 어떤 자산으로 옮겼다가 언제 다시 현금으로 돌아

와야 하는가에 대한 이론이 투자론이 되어야 한다고 생각한다. 우리는 반대로 현금으로 더 비싼 무엇인가를 살 생각만 하지 않는가? 그런데 결국 현금을 보유하는 기간과 현금의 비중에 대한 것이 투자라고 생각한다.

장이 다 빠지고 불황이 오면 어디에 투자해도 된다. 부동산을 해도 되고 주식을 해도 되고 채권을 해도 된다. 다 돈을 벌 수 있다.

그런데 막상 자산 가격이 충분히 하락한 경기침체기에 도달하면 돈이 없다. 이 지점은 바로 현금을 어떤 형태든 투자 자산으로 바꿔야 하는 시기다. 현금 비중을 제로를 넘어 마이너스까지 만들어야 하는 구간이다. 돈이 없으면 은행에서 빌리면 되지 않을까? 은행에서

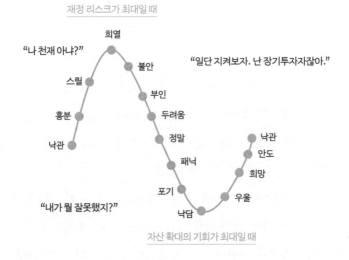

◆······ **주가 변동에 따른 투자심리 변화**

안 빌려준다. 오히려 빌려준 돈 갚으라고 연락이 온다. 불황이 오면 은행도 힘들어지기 때문이다. 주변 친구들도 돈이 없어서 빌릴 수가 없다. 부모님이나 일가 친척들도 다 비슷한 상황일 것이다. 다들 돈이 부족한 상태, 그게 바로 불황이고 경기침체다.

이때 현금이라든가 현금 등가물을 가지고 있는 사람은 다른 사람들이 못 사는 가치 있는 자산을 싸게 살 기회를 얻기 때문에 부자가 될 수 있는 것이다. 신나지 않는가? 10년마다 한 번씩 그런 기회가 열린다.

그러므로 부자는 특별한 능력이 있어서 되는 게 아니라 이 흐름을 빨리 눈치채는 사람이 부자가 될 수 있다. 그리고 욕심이 사이클에 맞서 현금을 컨트롤할 수 있는 능력을 쌓는다면 부자의 반열에 올라갈 수 있다.

사람이기 때문에, 감정에서 완전히 벗어난 투자를 하기란 매우 어렵다. 그래서 부자보다 가난한 사람이 더 많은 것이다. 앞의 흐름을 보면서, 우리는 어디서 현금을 늘리고 어디서 용감하게 그 현금을 자산으로 바꿀 것인가를 결정하면 된다. 많은 사람이 가는 곳으로 가지 말고, 사람이 없는 곳으로 가야 한다.

눈에 보이는 것만 믿어라

증시에서 가장 중요한 건 '될 것 같은 것'과 '되는 것'을 구분하는 것이다. 그동안 뭔가를 잘해온 것이 앞으로 다른 것도 잘할 가능성이

크다. 그동안 엉망으로 하다가 앞으로 잘되는 일은 거의 없다. 대박
나는 종목들을 보라. 갑자기 대박 터지는 경우도 있지만 테마성 주식
인 경우가 많고 끝이 좋지 못한 경우가 많다. 진짜 대박 종목은 이미
오랜 기간 사업 실적이 좋았는데 시장이 몰라주고 있다가, 사람들이
하나둘 눈치채게 되면서 주가가 폭등하는 경우가 많다.

실적도 못 내고 돈도 못 벌던 종목이 갑자기 좋아져서 상승하는 경
우는 사기인 경우가 많다. 주주들한테 "내가 돈 벌어줄 테니 우리 회
사에게 배팅하라"라고 하는 것이다. 이 말은 "카지노에 가서 돈 따줄
테니까 네가 자금 대라"라고 하는 것과 같다고 본다. 사업도 불확실
성만으로 본다면 카지노 못지않다. 그러나 본질적으로 도박하고 다
른 것을 꼽으라고 하면 예상 가능하고 감내할 손실까지 측정이 가능
하다는 점이다.

투자에 있어서는 보이는 것만 믿어야 한다. 앞으로 잘될 수 있다고
하는 것은 참고만 하라. 그리고 중요한 건 그동안 이 사람이, 이 기업
이 어떻게 해왔는가를 보고 판단하는 것이다. 이게 핵심이다. 이전까
지 못했는데 앞으로 잘하는 일은 없다. 이전까지 잘해온 것이 그동안
드러나지 않았다가 이제야 드러나는 것일 뿐이다.

성공한 투자자들은 결국 성장이라고 하는 걸 본다. "앞으로 100배
될 거야, 1000배 될 거야"라고 말하는 게 아니라 매출액과 영업이익
을 잘 확인되고, 그것에 대한 증거만 갖고 있으면 된다. 투자를 너무
어렵게 생각하지 않았으면 좋겠다. 투자라고 하는 건 숫자로 다 확
인된 것, 그것을 차분하게 좋은 가격에 매수해나가는 것이다. 그렇기
때문에 감정에 지배되지 말고 오히려 숫자에 매몰되었으면 좋겠다.

CHAPTER 4

성공한 투자자가 찾는 보물: 성장과 그 증거

주식 시장은 성장을 원한다

주식 시장이 가장 좋아하는 단어가 무엇인지 고민해본 적이 있는가? 바로 '성장'이다. 주식 시장에서의 성장은 만병통치약이다. 보통 주도주는 매출액의 성장과 함께 나타난다. 큰 이익을 얻기 위해 몇 년이고 참아낼 수 있다고 생각하는 사람들이 주식 시장에는 널리고 널렸다.

전통 산업이라 할지라도, 국면별로 성장이 나오는 구간이 있다. 예를 들어 철저하게 내수 종목이던 음식료 업종이 갑자기 수출 품목이 터지면서 좁은 시장에 갇혀 있다가 성장이 2~3년 나오는 경우도 있고, 통신장비 업체들은 전형적인 통신사 의존적인 내수 종목이었으나, 삼성전자, 노키아, 에릭슨 등의 기업에 하청업체vendor로 등록되면서 글로벌 수출주로 힘을 모아 에너지가 폭발한 사례도 있다.

드라마 엔터테인먼트는 방송 3사 눈치만 보면서 허리 한번 펴지도 못하고 영업을 하던 사업인데, OTT라고 하는 인터넷 TV가 나타나 경쟁이 심해지면서 넷플릭스와 디즈니플러스 등에 직접 납품을 하며 글로벌에 진출하면서 큰 성장을 보였고. 주가도 그에 맞게 폭등한 사례가 있다.

이런 것들은 전부 "주식 시장은 성장을 원한다"는 말을 직접적으로 말해주고 있다고 보면 된다. 성장을 볼 줄 아는 사람이 주식 시장에서 성공할 확률은 매우 높다.

군이 쉽게 예를 들어보면, 학교 다닐 때 3년 내내 전교 1등 하는 친구가 있다고 해보자. 의례 그냥 그 친구는 시험 결과를 받을 때, 1등일 것으로 다들 예상하고 있을 것이다. 증시에서는 이런 주식을 우량주라고 이미 추켜세워주고 좋은 값도 이미 쳐주고 있을 가능성이 크다. 그런데 전교 10등 정도 하던 친구가 갑자기 1등으로 나서게 될 경우, 아주 흥미로울 것이다. 주식 시장에서는 성장을 보이는 이런 루키 같은 주식을 아주 좋아한다.

성장이라고 하는 것을 오해하면 안된다. 예를 들어 "바이오 산업이 향후 연간 25%씩 성장할 것입니다"라고 했을 때, 단순히 '○○ 바이오'라는 회사에 투자하는 것은 너무 순진한 방법이다. 그 산업의 성장을 온전히 다 누릴 수 있는 준비가 되어 있는 기업인지, 그리고 재무제표의 어딘가 그 성장에 대한 증거가 있는지에 대해 충분히 따지고 고민해봐야 한다.

성장을 찾는 사람들이 실패하는 경우는, 눈에 보이는 가시적 성장보다 머리로 상상하는 성장을 찾아가기 때문인 경우가 많다. 어떤 기업이든, 상상 단계의 성장에서 눈에 보이는 성장 단계를 거치지 않고 주가가 급등하는 경우는 없다. 상상으로만 성장하는 기업들의 주가 상승은 오래가지 못하고 다시 주저앉게 된다. 그런 것을 우리는 흔히 '테마주'라고 한다. 찐 1등 주식을 걸러내지 못하고 업황만 믿고 투자하다가 물리면, 오랜 기간 고생하게 된다.

주식 투자를 전문으로 하고 사는 사람들은 그런 테마주를 건드리는 것도 필요할지 모른다. 왜냐하면 고객들이 기다려주지 않기 때문에, 단기적인 성과라도 내기 위해 테마주들에 올라타는 시늉이라도 해야 하는 경우가 많기 때문이다.

그러나 이 책을 읽는 대부분의 투자자들은 그렇게 할 이유가 없다. 철저하게 재무제표의 성장을 살펴보고, 산업 성장에 대한 내러티브가 과연 사실인지에 대해 진지하게 고민해보고 투자 결정을 내려도 전혀 문제가 없을 것이다.

나의 결론은 이렇다. 기존에 잘 운영되고 있는 기업들을 살펴보고 그중에서 DNA 자체가 좋은 기업을 선별해서 꾸준하게 지켜본다. 그러다가 그 기업이 성장산업으로 진출하고 주력으로 투자를 시작하면, 그때 그 회사에 대해 매우 면밀히 관찰하면서 준비를 해나가면 된다. 라면봉지 회사가 2차전지 포장재 소재를 만들고, 아연공장이 2차전지 폐배터리 재활용 사업장으로 변신하고, 나일론을 만들던 회사가 탄소나노튜브로 신재생에너지에 꼭 필요한 소재업체로 거듭날 때, 시장은 그 주식들에 환호하게 될 것이다. '어떤 생태계의 정점을 차지할 수 있는 기업인가'에 대한 판단, 그것은 내러티브나 꿈에 의지하고 있지 않다. 지난 과거의 레퍼런스와 재무적 뒷받침이 있어야만 가능하다.

말은 사람의 생각과 성격까지도 나타내준다고 한다. 증시에서 돌아다니는 레토릭이나 내러티브도 그렇다. 현란한 세 치 혀에 놀아나면, 자기 재산을 불릴 수 없을뿐더러, 오히려 큰 손실만 보게 될 수도 있다. 안 보이는 꿈을 보이는 것에서 증거를 찾아 투자해나가는 방법, 어쩌면 그것이 성공한 주식 투자의 비법이 될지 모른다.

무주식이 상팔자

1998년 내가 주식을 시작할 당시 주변의 시선들이 곱지 않았다. 주식 투자는 결국은 이길 수 없는 싸움이라는 말이 상식처럼 받아들여지는 시기였다. 종국에는 자기 자신 뿐만아니라 가족, 친구들까지 피해를 끼치고, 큰 손실을 감당하지 못해 도망 다니다가 쓸쓸히 죽을 거라는 암울한 전망에 누구 하나 반박할 증거를 쉽게 대지 못했다.

평생 힘들게 자식 뒷바라지하며 살아온 부모님도 막내아들이 주식을 한다고 하니 펄쩍 뛰었다. 부모님은 동네에서 가장 튼튼하고 커 보이는 우체국과 전신전화국(KT 건물)을 부러운 듯 쳐다보며 "우리 아들도 저렇게 멋있는 건물에서 안정적으로 일해서 먹고 살면 좋겠다"는 말을 하곤 했다. 그런 기대를 아주 보란듯이 저버린 "주식으로 성공해보겠다"는 아들의 선언이 어떻게 들렸겠는가?

평소 나에 대한 컨센서스 대비 완벽한 쇼크였음에 틀림없다. 주식은 부모님에게는 도박이나 매한가지였기 때문이다. 내가 10년을 주식에 빠져 있다가 증권사에 들어간다고 하니, 부모님에겐 노름꾼이나 마찬가지인 증권맨이 된다는 말로 들렸을 것이고, 실망하지 않을 수 없었다.

"그래도 니가 나보다 많이 배웠으니께, 생각대로 혀, 부모야 뭐 죽으면 그만이지, 노름도 잘하는 놈은 차비라도 따서 쓰고 살잖여? 허고 싶은 거 허고 살아야지 뭐."

자식이 증권사에 취업했다는데, 왜 아버지는 "부모야 죽으면 그만이지"라는 말까지 했을까!

증권사에 들어오자마자 리만브라더스 파산을 동반한 미국 부동산 위기가 터졌다. 1999년 닷컴 버블 이후 두 번째 큰 투자 실패를 경험했다. 힘들 때면 늘 하던 루틴대로 시골로 부모님을 뵈러 내려갔다.

"무슨 일 있는 게구먼. 얼굴 꼬락서니를 보니."

투박하면서도 걱정 어린 핀잔으로, 어머니는 몇 달 만에 본 아들과의 인사를 대신했다. 그날 밤 망한 얘기를 듣던 아버지는 줄담배를 태우다가 "나무 올라가는 놈하고, 배타는 놈하고, 주식 하는 놈은 자식으로 두지 말아야 혀. 저걸 낳지 말았어야 허는디…"라고 수십 년 전 과오를 자책하며 자리를 떴다.

비바람 치는 노점에 바람막이 하나 없는 시골 장터에 나가 장사를 하던 강철 심장 어머니도 "니가 그럴 테지"라며 한숨 섞인 실망과 함께 깊은 슬픔을 감추지 못했다.

다음 날 새벽, 엄마는 방 한가득 열무를 다듬으면서 말했다.

"너 이거 와서 한번 다듬어봐. 이거 엄마가 죽게 농사 지어서 한 단 다듬어서 팔면 1,500원 받는다. 농비 제외하고 500원 남을 거여. 넌 대체 얼마를 벌려고 그렇게 허고 다니냐? 많이 벌려고 허풍 그만 떨고, 주식 그만혀."

그날 내내 증권사를 그만 두느냐 마느냐에 대한 고민을 했던 것 같다. 망하고 나니 미안하기도 하고 면목이 없는데 딱히 뭐라고 할 말도 없어서, 안마나 해드리려고 누워 있는 부모님의 몸에 손을 가져갔더니 "아이구, 아이구" 하며 만지는 곳마다 아파했다. 죽고 싶었다.

"아, 내가 이 가여운 사람들의 30년 꿈을 짓밟고 있구나. 주식 그만해야겠다."

어머니의 손을 주무르다 보니, 하얀 반창고를 감아놓은 손가락 사이로, 흙일 하느라고 갈라질 대로 갈라져서 피가 새어 나온 곳으로 상감청자처럼 흙이 메워진 흔적들이 보였다. 반창고 하나도 넉넉히 바꿔가며 자신을 돌볼 여유조차 없던 엄마의 갈라진 손을 붙잡고 그 옆에 누워 한참을 소리 없이 울었던 것 같다.

"엄마는 지금 손이 더 아플까, 마음이 더 아플까. 그래, 이제는 그만 하자."

그날 저녁의 결심이었던 것 같다. 물론 얼마 못 갈 생각이었지만…. 망하고 나니 이제 거의 끝났다고 생각했던 내 앞에는, 또 다른 시작이 놓여 있었다. 20대 내내 주식만 하고 싶었고 거기서 성공하고 싶었는데, 막상 포기할 생각까지 옵션으로 놓고 다시 생각해보니, 뭘 하고 살아야 할지 너무 막막했다. 또 망했다는 것에 자존심도 많이 상하고 화도 나고 그랬다.

"아니, 사람이라는 게 뭘 하든 대충 10년 끈기 있게 하면 잘하게 되는 것 아니었던가"라며 나 자신이 한심하다는 생각을 지울 수가 없었다. 다시 출발선에 서야 한다는 생각에, 도돌이표 같은 좌절감을 마주했고 자신도 없었다. 부모님을 실망시킨 것에 대한 죄책감에 몇 달을 뒤척이며 적은 월급과 카드 값을 걱정했었다.

생각해보면, 주식에 발을 들여놓는 순간부터 인생에서 굳이 필요하지 않은 것들이 내 삶에 끼어들기 시작했던 것 같다. 주식 시장의 오름과 내림에 따라 감정 기복도 심해지고, 일상 생활도 영향을 받게 되었다. 너무 변동성이 큰 인생이 되어버렸다.

"아, 무주식이 상팔자구나."

깡통을 두 번 차고 나서 깨달은 것은 먹고살 만하면 주식 말고 다른 걸 해도 괜찮을 것 같다는 것이었다. 시간이 얼마간 흘러, 시작만 있고 끝이 없는 증권맨 인생에 마침표를 찍겠다고 다시 마음먹었다. 딱히 다른 건 할줄 아는 것도 없었지만 그 고생을 했으면 정이 떨어지고 싫어야 정상인데, 서점에서 또 주식 책을 보고 있는 나 자신을 발견하고 운명이겠거니 했다. 누가 말린다고 해서 될 일이 아니었다. 대신 나는 '내가 성공하면, 주식 하겠다는 사람을 가장 많이 뜯어말린 증권맨이 되겠다'는 목표를 정했다.

이런 나의 얘기가 어떤 사람들에게는 조금 불편하고 기운 빠지는 충고일지도 모르겠다. 그렇지만 나는 늘 조언의 기회가 있을 때마다 다음과 같은 말로 시작하곤 한다.

"정말 이 길을 가시겠습니까? 저라면 보리쌀 서 말만 있어도 주식은 안 할 겁니다. 다시 생각해보시지요. 만약에 그래도 하시겠다면,

처음부터 큰 욕심 부리지 마시고 행복한 투자를 위한 준비부터 차근히 하십시오. 먼저 시장에 대한 본인의 입장 정리를 하신 후 시장을 대하십시오. 그렇지 않으면 불행이 찾아옵니다",

이 책은 내가 그동안 그토록 말해왔던, 어떻게 해야 행복하게 투자할 수 있고, 조바심 내지 않을 수 있으며, 독립적인 판단으로 주식 투자를 준비해나갈 수 있을지에 대한 내 조언의 마무리이자 요약이라고 볼 수 있다.

서점에 있는 책들은 대부분 무엇을 어떻게 사야만 큰 부자가 될 수 있는지에 대해 얘기한다. 그렇기에 사람들은 주식 투자에 대한 망상에 가까운 기대와 순진하고 어정쩡한 입장으로 투자를 시작한다. 마치 1년간의 배낭 여행을 떠나면서 반팔 티셔츠 한 장과 슬리퍼만 가지고 집을 나서는 것과 같다. 투자 세계에는 사계절이 다 존재한다. 뜨겁고 풍요로운 시절만이 아니라 춥고 쓸쓸한 계절도 분명히 존재한다. 그것부터 인정해야 한다. 비록 처음에는 불필요하다고 생각할지라도 반드시 그런 구간에 대한 최소한의 준비는 해야 추후 변화하는 시장에서 발생하는 최악의 불행을 막을 수 있다.

2018년 Fed가 금리 인상을 시작할 무렵, 나는 다시는 똑같은 방법에 당하지 않겠다며 1970년대 이후 긴축 정책과 50년간의 불황에 대한 조사를 시작했다. 조사가 끝날 무렵에는 무릎을 탁 칠 수밖에 없었다. 매번 같은 방법으로 Fed는 얘기하고 정책을 집행하고 있는데, 나는 늘 다르게 느끼고 어려워하고 있다는 것을 깨달았다.

Fed와 주식 시장의 유기적 관계는 마치 심장의 박동이나 숨소리처럼 늘 규칙적이고 살아 있는 주기가 있었다. 또한 유기적이고 논리적이며, 매우 명확한 기준과 근거를 바탕으로 그들은 행동하고 움직이고 있었다. 내가 모르고 있었을 뿐이었다.

부자가 되는 법은 아주 간단하다. Fed가 유동성을 밀어내는 구간에서 위험 자산에 대한 투자를 늘리면 되고, 그 반대일 때는 그냥 현금 마련하고 투자를 쉬면 된다. 위험한 상황에서 욕심 내지 말고 움츠려야 할 때 잘 대응하지 못하면, 막상 용기를 내야 할 때 무섭고 두려워진다.

인간의 욕심은 끝이 없고 똑같은 실수를 반복한다. 부디 나의 부족한 책이 투자자들에게 반복된 실패를 이겨내는 도구가 되길 바란다.

마지막으로, 늘 책상에만 붙어 있어도 불평하지 않는 우리 딸과 쇼핑할 때 가장 행복하다는 부인 그리고 무엇보다 40년 동안 새벽기도 가는 게 가장 행복한 시간이라며 식사 기도 때에도 하나님께 자식들에 대한 감사 인사를 빼먹지 않는 감사 인형 팔순 노모 임권사님과 그 옆에 건강하게 있어주시는 주태백 아버지께 부족한 이 책을 바칩니다.

끝까지 믿어주고 격려해줘서 고맙습니다.

KI신서 10680

살 때, 팔 때, 벌 때

1판 1쇄 발행 2023년 2월 28일
1판 8쇄 발행 2023년 3월 24일

지은이 강영현
펴낸이 김영곤
펴낸곳 (주)북이십일 21세기북스

인생명강팀장 윤서진 **인생명강팀** 최은아 강혜지 황보주향 심세미
디자인 표지 장마 **본문** 홍경숙
출판마케팅영업본부장 민안기
마케팅2팀 나은경 정유진 박보미 백다희
출판영업팀 최명열 김다운
제작팀 이영민 권경민

출판등록 2000년 5월 6일 제406-2003-061호
주소 (10881) 경기도 파주시 회동길 201(문발동)
대표전화 031-955-2100 **팩스** 031-955-2151 **이메일** book21@book21.co.kr

ⓒ 강영현, 2023
ISBN 978-89-509-6066-7 03320

(주)북이십일 경계를 허무는 콘텐츠 리더

21세기북스 채널에서 도서 정보와 다양한 영상자료, 이벤트를 만나세요!
페이스북 facebook.com/jiinpill21 **포스트** post.naver.com/21c_editors
인스타그램 instagram.com/jiinpill21 **홈페이지** www.book21.com
유튜브 youtube.com/book21pub

서울대 가지 않아도 들을 수 있는 **명강**의! 〈서가명강〉
'서가명강'에서는 〈서가명강〉과 〈인생명강〉을 함께 만날 수 있습니다.
유튜브, 네이버, 팟캐스트에서 '서가명강'을 검색해보세요!